Entrada

Entry Level Spanish

Alec Johns

JOHN MURRAY

© Alec Johns 2003

First published 2003
by John Murray Publishers Ltd, a member of the Hodder Headline Group,
338 Euston Road, London NW1 3BH

Illustrations by Peter Bull Art Studio and Art Construction
Typeset in Gill Sans by Wearset Ltd, Boldon, Tyne and Wear
Cover photo Mark Cooper/Corbis Stockmarket
Cover design by John Townson/Creation
Printed and bound in Spain by Bookprint S.L., Barcelona

A CIP catalogue record for this book is available from the British Library.

ISBN 0 7195 8126 5
Teacher's Resource Book 0 7195 8127 3
Audio on cassette 0 7195 8128 1
Audio on CD 0 7195 8129 X

Contents

1 El colegio

El colegio: *Las asignaturas*

Pregunta: **¿Qué asignaturas estudias?**
Respuesta: **Estudio . . .**

inglés

francés

alemán

español

ciencias

biología

historia

geografía

informática

matemáticas

gimnasia

deporte

arte

música

trabajos manuales

tecnología

Pregunta: **¿Cuál es tu asignatura favorita?**
Respuesta: **Me gusta . . .**

Me encanta

Me gusta

No me gusta

Odio

I prefer

Prefiero

favourite

favorito/a

Pregunta: **¿Por qué (no) te gusta . . . ?**
Respuesta: **Es . . .**

estupendo

interesting

interesante

bueno

fácil

malísimo

fatal

aburrido

malo

difícil

el profe

useful

útil

not useful

inútil

I'm good at . . .

Soy fuerte en . . .

I'm bad at . . .

Soy flojo/a en . . .

El colegio: *Las asignaturas*

Ejercicio L1 Escucha

Escucha. Escribe la letra correcta.

Ejemplo: **1 b**

Número 1

a

b

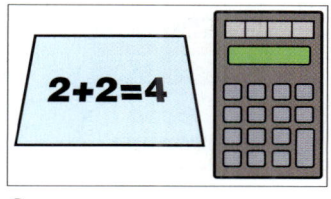
c

Número 2

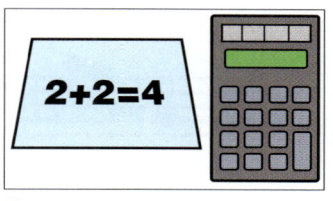
a

b

c

Número 3

a

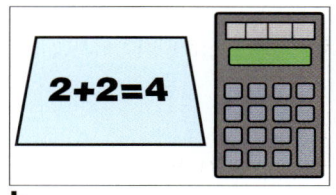
b

c

Número 4

a

b

c

Número 5

a

b

c

Número 6

a

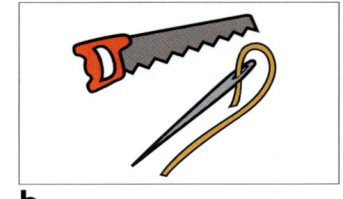
b

c

(5 puntos)

El colegio: *Las asignaturas*

Ejercicio L2 Escuche

Escuche. Escriba la letra correcta.

Ejemplo: **I d**

a

b

c

d

e

f

g

(5 puntos)

4

El colegio: *Las asignaturas*

Ejercicio R1 **Lee**

Escribe la letra correcta.

*Ejemplo: **1 b***

1 francés

a

b

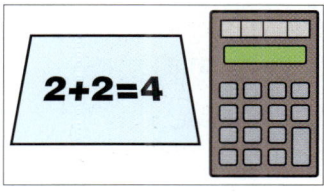
c

2 matemáticas

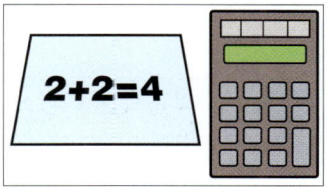
a

b

c

3 informática

a

b

c

4 historia

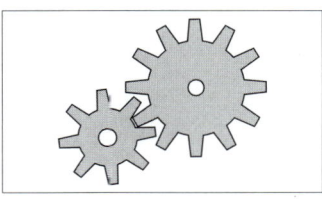
a

b

c

5 gimnasia

a

b

c

6 inglés

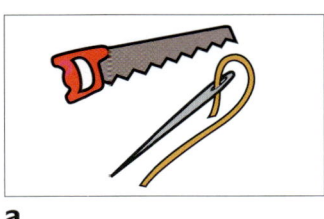
a

b

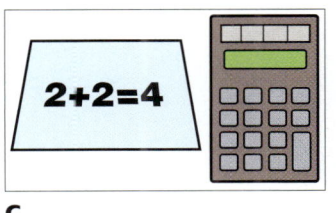
c

(5 puntos)

El colegio: *Las asignaturas*

Ejercicio R2 Lea

Escoja el dibujo correcto. Escriba la letra correcta.

Ejemplo: **1 c**

1 deporte

2 geografía

3 ciencias

4 música

5 inglés

6 arte

a

b

c

d

e

f

(5 puntos)

El colegio: *Las asignaturas*

Ejercicio S1 Habla

Contesta.

Ejercicio S2 Habla

Contesta.

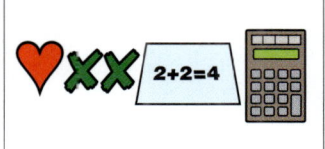

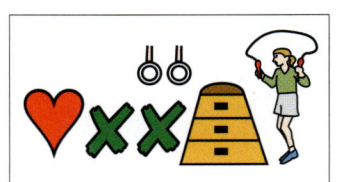

El colegio: *Las asignaturas*

Ejercicio W1 Escribe

Copia las asignaturas.

Ejemplo: **1**      deporte   *deporte*

2      música

3      historia

4      francés

5      geografía

6      gimnasia

El colegio: *Las asignaturas*

Ejercicio W2 Escribe

Escribe los nombres de CINCO (5) asignaturas.

Ejemplo: deporte

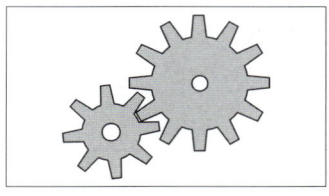 

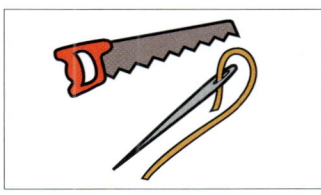 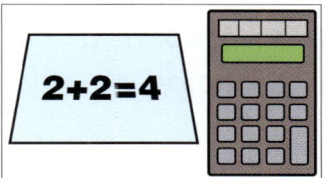  

Ejercicio L3 Escuche

Escuche. Dibuje la opinión para cada asignatura: o

Ejemplo: I

Número 1

Número 2

Número 3

Número 4

Número 5

Número 6

Número 7

Número 8

Número 9

Número 10

(9 puntos)

El colegio: *Las asignaturas*

Ejercicio R3 Lea

Lea la carta.

> *Querido David,*
>
> *En el colegio el deporte es mi asignatura favorita.*
> *Adoro el deporte. También me gusta el arte,*
> *porque es interesante. Soy floja en alemán y el*
> *profe es severo. El francés es aburrido también –*
> *no me gusta el profe. La informática es estupenda*
> *– el profe es fantástico. Pero odio los trabajos*
> *manuales. Son fatales.*
> *¿Qué asignaturas te gustan en el colegio?*
>
> *Escribe pronto.*
>
> *Martina*

Escriba las SEIS (6) asignaturas de Martina. Dibuje sus opiniones.

Ejemplo: 1 *deporte*

(10 puntos)

El colegio: *Las asignaturas*

Ejercicio S3 **Hable**

Conteste.

¿Cuál es su asignatura favorita? ¿Por qué?

Ejemplo:

Me gusta el deporte.
Es fácil.

  interesting

  **I'm good at ...**

Ejercicio W3 **Escriba**

Escriba los nombres de CINCO (5) asignaturas. Dé su opinión. Dé más información.

Ejemplo: Me gusta el inglés. Es estupendo. El profe es bueno.

El colegio: *General*

Pregunta: **¿Cómo vas al colegio?**
Respuesta: **Voy . . .**

en coche

a pie

en autobús

en bici

Pregunta: **¿Cómo es tu colegio?**
Respuesta: **(Mi colegio) es . . .**

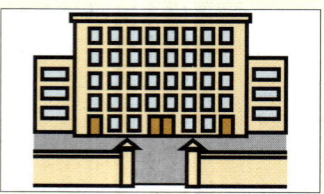

grande

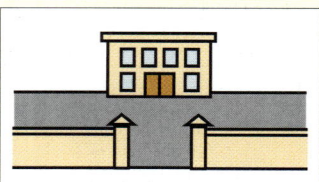

pequeño

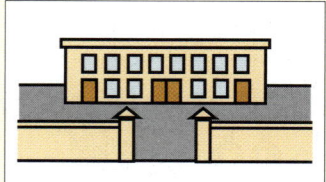

mediano

mixto

para chicas

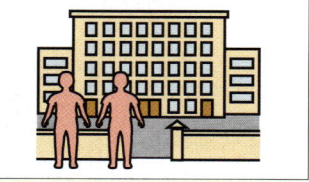

para chicos

Respuesta: **Hay . . .**

la cantina

el aula

el laboratorio

la biblioteca

el gimnasio

los aseos

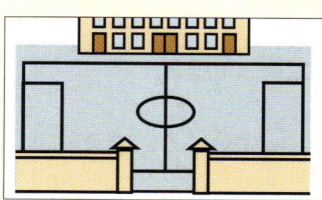

el patio

El colegio: *General*

Ejercicio L4 Escucha

Escucha. Escribe la letra correcta. *Ejemplo:* **1 a**

Número 1
La chica se llama . . .

Anita	Martina	Charo
a	b	c

Número 2
El colegio es . . .

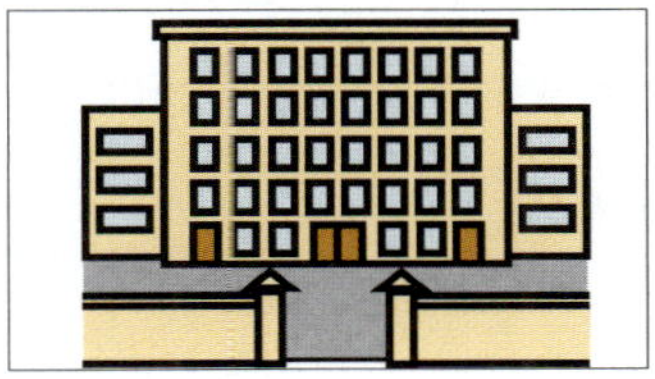

a 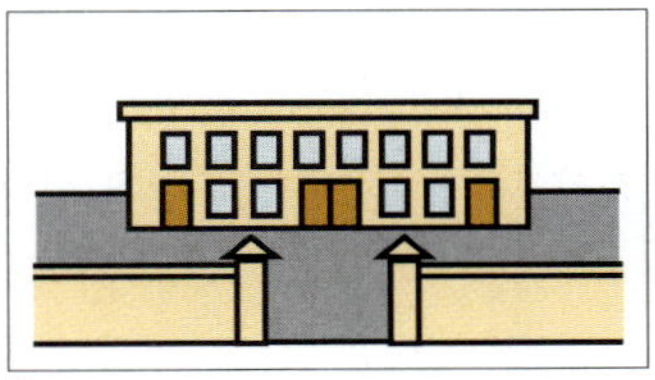   b 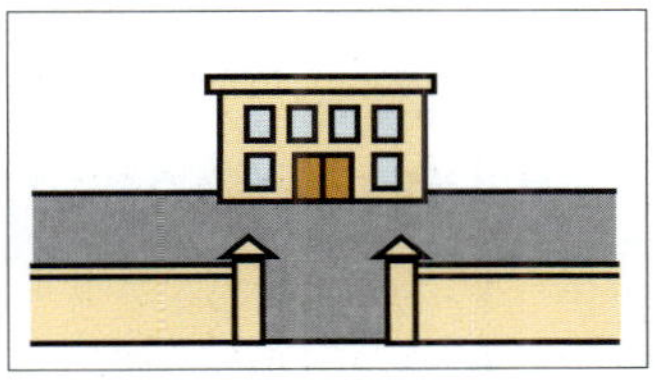   c

Número 3
Es un colegio . . .

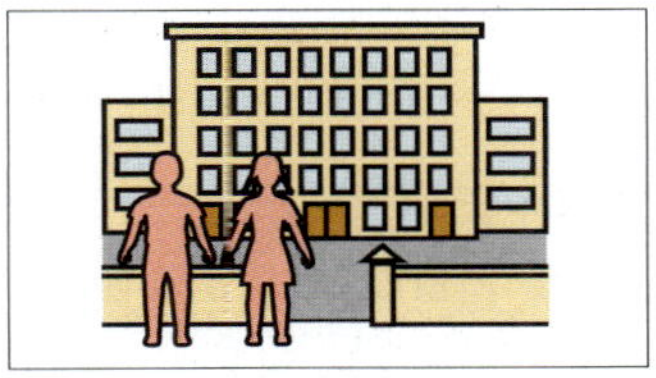

a 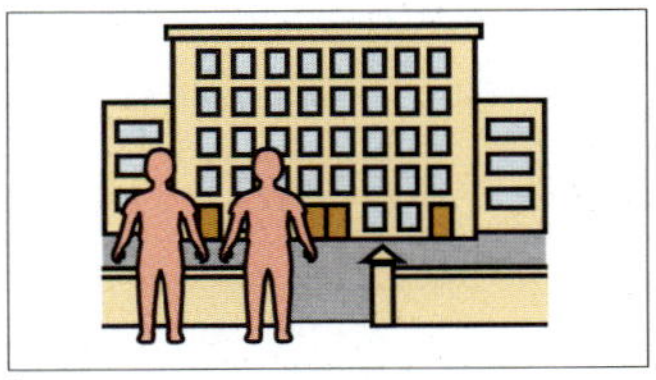   b 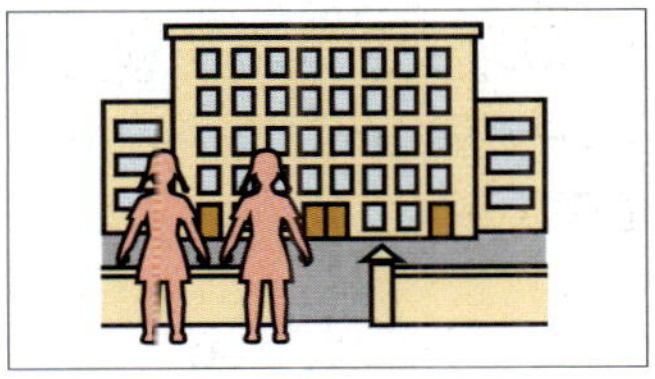   c

Número 4
Casa → colegio

a    b    c

Número 5
Empieza a . . .

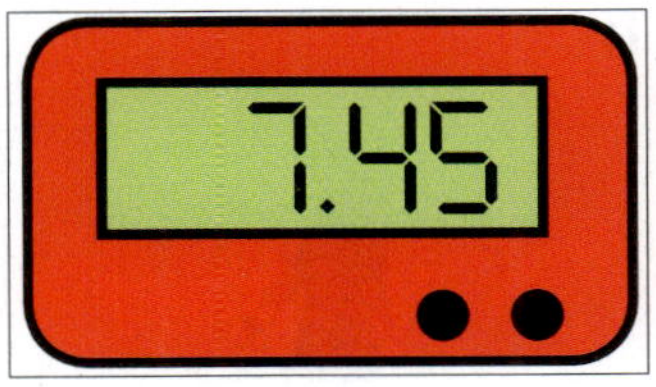

7.45	8.00	8.15
a	b	c

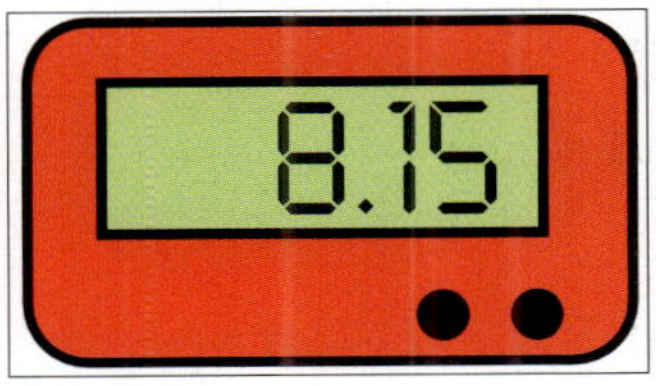

Número 6
Número de clases . . .

7	8	9
a	b	c

Número 7
Anita prefiere . . .

  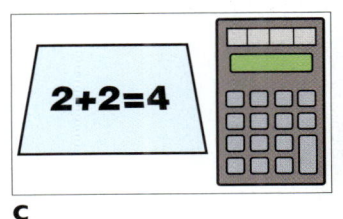

a   b   c

(6 puntos)

El colegio: *General*

Ejercicio R4 Lee

Lee la carta.

Escribe *a*, *b* o *c*.

Ejemplo: **I a**

> ¡Hola!
>   Me llamo María. Voy al colegio Lope de Vega.
>   Es un colegio grande en el centro de la ciudad y es un colegio mixto para chicos y chicas.
>   Voy al colegio en bici. Llego a las 8.
>   Las clases empiezan a las 08.15.

I El colegio se llama . . .

Lope de Vega	**San Pedro**	**Primo de Rivera**
a	b	c

2 El colegio es . . .

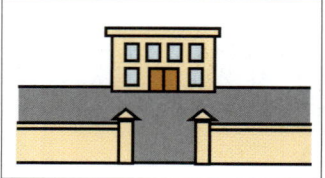 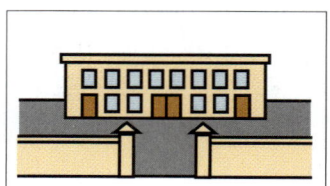 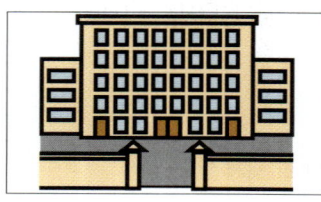

a   b   c

3 Es un colegio . . .

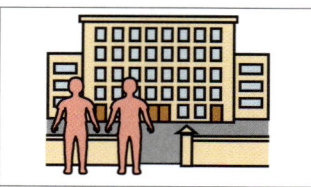 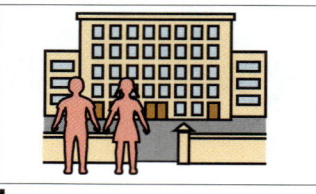 

a   b   c

4 Casa → colegio

a   b   c

5 Las clases empiezan a las . . .

a   b   c

(4 puntos)

El colegio: *Un día típico*

Pregunta: **¿Qué asignatura tienes los martes a las diez?**
Respuesta: **Tengo . . .**

Monday	Tuesday	Wednesday	Thursday
lunes	martes	miércoles	jueves

Friday
viernes

la clase de . . .

el horario

los deberes

muchos (deberes)

a las 10

Pregunta: **¿A qué hora es la comida?**
Respuesta: **Es . . .**

¿A qué hora . . . ?

empieza

termina

el recreo

la comida

Pregunta: **¿Qué haces durante el recreo?**
Respuesta: **. . .**

I play . . .

Juego . . .

al baloncesto

al fútbol

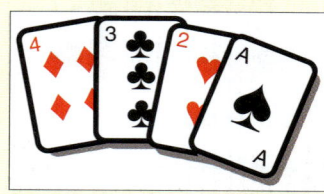

a las cartas

Como . . .

bocadillos

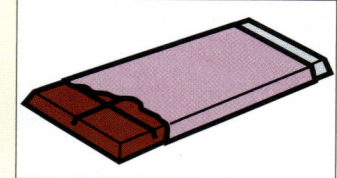

chocolate

Hablo

El colegio: *Un día típico*

Ejercicio L5 Escucha

Escucha. Escribe la letra correcta: *a, b* **o** *c.*   *Ejemplo:* **1 b**

Número 1
El chico se llama . . .

Martín	**Andrés**	**Tomás**
a	b	c

Número 2
Las clases empiezan
a . . .

7.30	8.30	9.30
a	b	c

Número 3
Número de clases . . .

5	**7**	**9**
a	b	c

Número 4
Las clases terminan
a . . .

3.15	3.30	4.00
a	b	c

Número 5
Deberes . . .

a	b	c

Número 6
Andrés prefiere el . . .

martes	**miércoles**	**viernes**
a	b	c

Número 7
Los lunes y los jueves
tiene . . .

Bonjour		
a	b	c

(6 puntos)

El colegio: *Un día típico*

Ejercicio R5 **Lee**

Lee la postal.

Escribe la letra correcta: a, b o c.

Ejemplo: **1 b**

> **¡Hola!**
>
> *Me llamo Marisa. Voy al colegio Carlos III.*
> *Llego al colegio a las 07.45 y las clases empiezan a las 8.*
> *Me gusta el miércoles porque hay cuatro clases.*
> *No me gusta el martes – tengo matemáticas, y odio matemáticas.*
> *Prefiero el jueves – tengo español, ciencias, historia, inglés y arte.*

1 El colegio se llama . . .

San Salvador	Carlos III	Primo de Rivera
a	b	c

2 Marisa empieza a las . . .

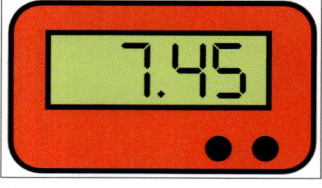 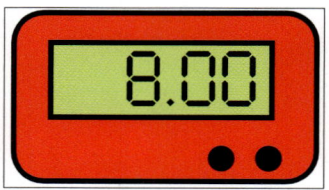 

a   b   c

3 Hay 4 clases el . . .

miércoles	martes	jueves
a	b	c

4 Marisa tiene matemáticas el . . .

jueves	miércoles	martes
a	b	c

5 Su horario los jueves:

a 

b 

c 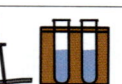

(4 puntos)

El colegio: *Un día típico*

Ejercicio S4 **Habla**

Contesta.

Número 1

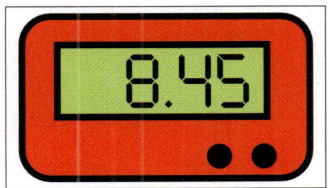

Pregunta: ¿A qué hora empiezan las clases?

Ejemplo: *A las nueve.*

Número 2

Pregunta: ¿Qué haces durante el recreo?

Ejemplo: *Juego al fútbol.*

Número 3

Pregunta: ¿Donde comes a mediodía?

Ejemplo: *En el patio.*

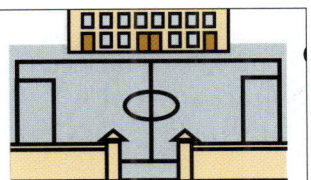

El colegio: *Un día típico*

Ejercicio W4 Escribe

Escribe cuatro frases para describir un día típico.

Ejemplo: *A las ocho tengo matemáticas.*

Horario LUNES							
8 h	9 h	10 h	11 h	12–14 h	14 h	15 h	16 h
matemáticas	música	biología	deporte	almuerzo	español	trabajos manuales	inglés

Ejercicio L6 Escucha

Escucha. Escribe la letra correcta.

Ejemplo: **I d**

HORARIO martes	
Número 1	9 h
Número 2	10 h
	Recreo
Número 3	11 h
	Almuerzo
Número 4	1 h
Número 5	2 h
Número 6	3 h
Número 7	4 h

a deporte	**d** inglés	**g** arte
b español	**e** ciencias	**h** geografía
c música	**f** historia	**i** matemáticas

(6 puntos)

El colegio: *En clase*

Pregunta: **¿Listos?**
Respuesta: **No tengo . . . / Quisiera un . . .**

boli

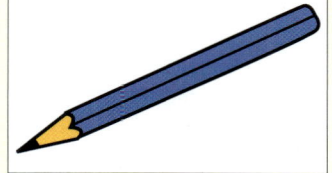
lápiz

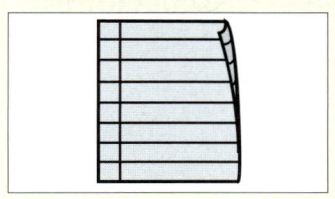
papel

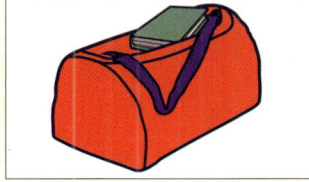
bolso

diccionario

cuaderno

Instrucciones:

cierra/cierre la puerta

abre/abra la ventana

para/pare

pasa/pase

mira(d)

escucha(d)

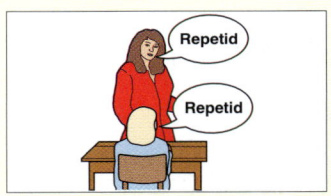
repite/repetid

lee(d)

habla(d)

copia(d)

escribe/escribid

pon(ed) señales en las casillas

trabaja(d) solo(s)

trabajad en parejas

trabajad en grupos

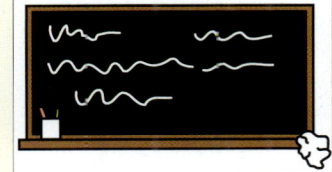
la pizarra

El colegio: *En clase*

Ejercicio L7 **Escuche**

Escuche al profe. Siga sus instrucciones.

Ejemplos:

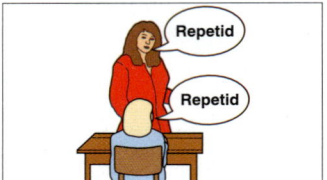

(5 puntos)

Ejercicio S5 **Hable**

No tiene su bolso.
Explíquelo a su profe.

Ejemplo: No tengo diccionario.

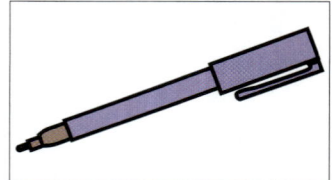

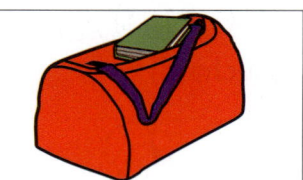

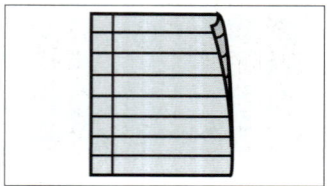

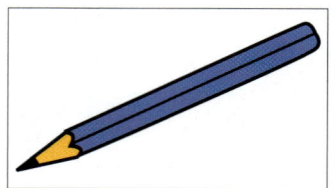

2 Mis pasatiempos

Mis pasatiempos: *Pasarlo bien*

Preguntas: **¿Qué haces los fines de semana?**
Respuesta: **Voy . . .**

al cine

a la discoteca

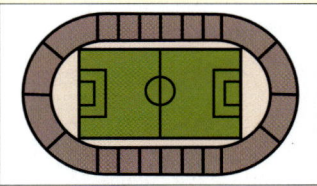
al estadio

a la piscina

a la ciudad

al teatro

a una fiesta

a casa de los amigos

Respuesta: **Juego . . .**

a las cartas

a los juegos de ordenador

con el ordenador

al ajedrez

Respuesta: **Toco . . .**

la guitarra

el piano

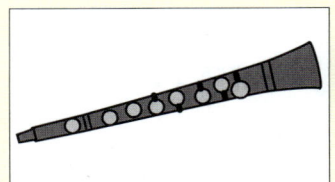
el clarinete

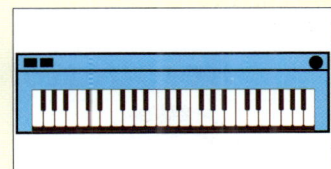
el teclado

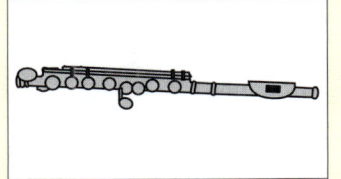
la flauta

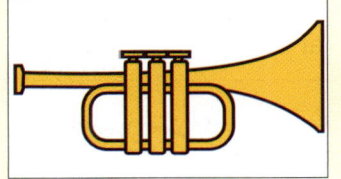
la trompeta

el violín

la batería

Respuesta: . . .

Canto

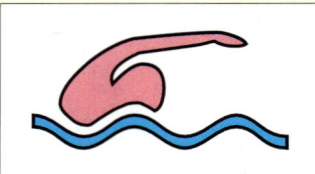
Nado

Cocino

Voy de compras

Respuesta: **Escucho . . . / Me gusta . . . / No me gusta . . .**

(la) música

la radio

la ópera

leer

Respuesta: **Veo . . .**

la tele

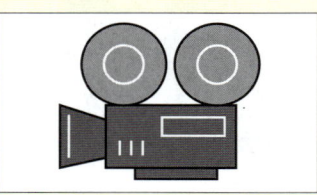
películas

Pregunta: **¿Qué deporte practicas?**
Respuesta: **Hago . . .**

ciclismo

footing

gimnasia

Respuesta: **Juego . . .**

al fútbol

al voleibol

al baloncesto

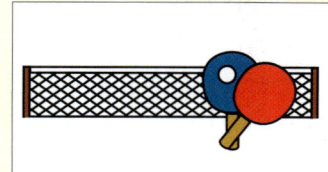
al tenis de mesa

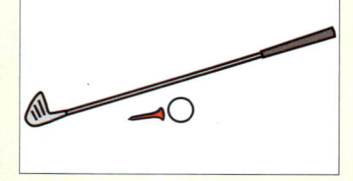
al golf

al bádminton

al cricket

al tenis

Mis pasatiempos: *Pasarlo bien*

Ejercicio L1 Escucha

Carlos y Luisa hablan de sus pasatiempos.
Escucha y escribe las DOS (2) letras correctas para cada número.

Ejemplo: 1 a, c

Número 1

 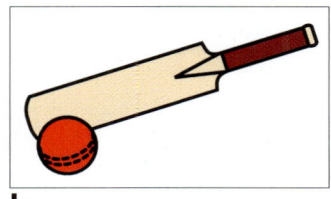  

a   b   c   d

Se continúa.
Número 2

a   b   c   d

Se continúa.
Número 3

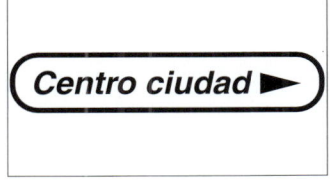   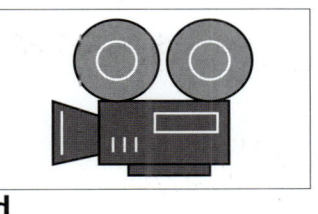

a   b   c   d

Se continúa.
Número 4

 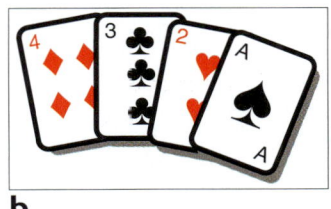 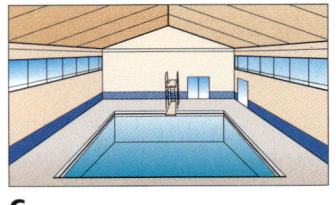 

a   b   c   d

(6 puntos)

Mis pasatiempos: *Pasarlo bien*

Ejercicio L2 Escuche

Escuche. Escriba las letras que corresponden a los números.

Ejemplo: **1 b**

1 Javier

2 Laura

3 Emilia

4 Sebas

5 Mateo

6 Susana

7 Juan

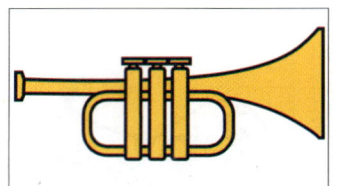
a

b

c

d

e

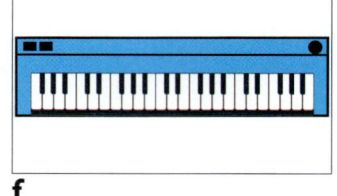
f

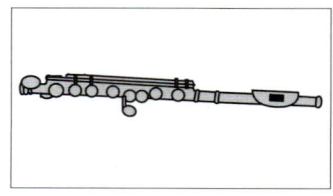
g

h

(6 puntos)

Mis pasatiempos: *Pasarlo bien*

Ejercicio L3 * Escuche

La agenda de Elena.
Escuche. Escriba las letras que corresponden a los números.
Hay DOS (2) letras para cada número.

Ejemplo: **1** *a, S*

1 lunes   **a** las 10

2 martes   **b** las 7

3 miércoles   **c** las 9

4 jueves   **d** las 4

5 viernes   **e** las 8

6 sábado   **f** las 3

7 domingo   **g** las 2

                     h las 11

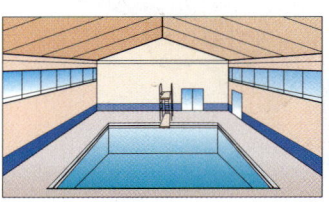

S

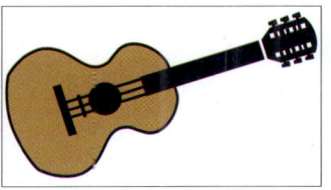

W

T

X

U

Y

V

Z

(12 puntos)

Mis pasatiempos: *Pasarlo bien*

Ejercicio R1 Lee

Lee . . . Escribe la letra correcta: *a*, *b* o *c*.

Ejemplo: 1 b

1 Jugar a las cartas

 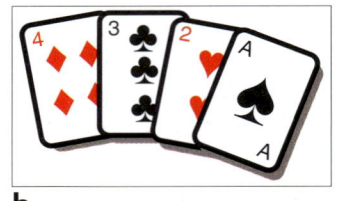 

a   b   c

2 Escuchar música

 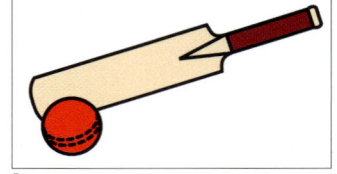 

a   b   c

3 Hacer ciclismo

a   b   c

4 Ir a la piscina

  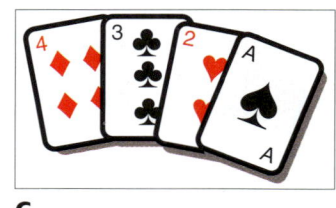

a   b   c

5 Tocar la guitarra

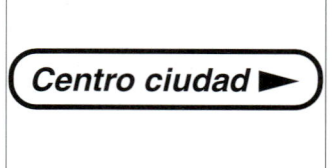  

a   b   c

6 Cocinar

a   b   c

(5 puntos)

Mis pasatiempos: *Pasarlo bien*

Ejercicio R2 **Lea**

Los pasatiempos.
Lea. Luego escriba las letras que corresponden a los números.

Ejemplo: **1 f**

1   **Los sábados Pedro escucha la radio, luego juega al fútbol.**

2   **Los fines de semana Sandra hace gimnasia o escucha música.**

3   **Los miércoles Miguel va de pesca o va a nadar.**

4   **Por la tarde juego con el ordenador o voy a la casa de mis amigos.**

5   **A Sebas le gusta leer y jugar a las cartas.**

6   **Durante las vacaciones jugamos al bádminton o hacemos ciclismo.**

a

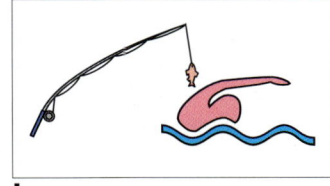

b

c

d

e

f

g

(5 puntos)

Mis pasatiempos: *Pasarlo bien*

Ejercicio S1 Habla

Contesta.

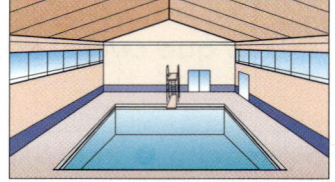

1 Pregunta: ¿Qué haces los fines de semana? ¿Qué pasatiempos tienes?

Ejemplo: *Juego . . . / Voy . . . / Veo . . . etc.*

2 Pregunta: ¿Qué deportes practicas?

Ejemplo: *Juego al . . . / Hago . . .*

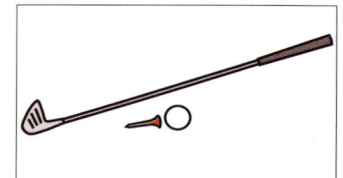

3 Pregunta: ¿Tocas algún instrumento?

Ejemplo: *Toco . . .*

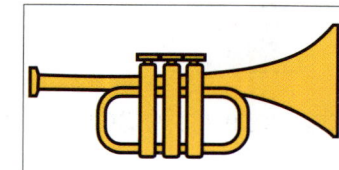

Mis pasatiempos: *Pasarlo bien*

Ejercicio W1 **Escribe**

Copia los nombres de los seis dibujos.

Ejemplo: **1**  cine
cine

5  música

2  guitarra

6  piscina

3 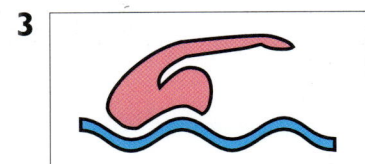 nado

7 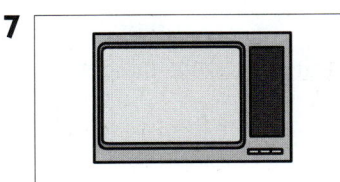 tele

4 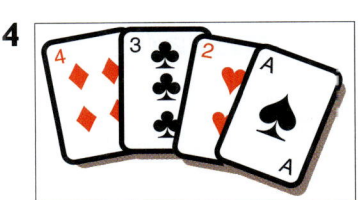 cartas

Ejercicio W2 **Escribe**

¿Qué haces los fines de semana?

 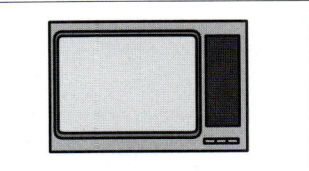  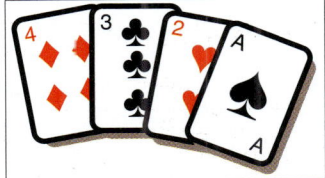

Escribe CINCO (5) frases.

Ejemplo: Toco el piano.

(5 puntos)

Mis pasatiempos: *Opiniones*

Preguntas: **¿Qué pasatiempo te gusta / le gusta?**
¿Qué pasatiempo no te gusta? / no le gusta?
Respuesta: **Me gusta . . . / No me gusta . . .**

Me gusta

Me encanta

No me gusta

Odio

el tenis

patinar sobre ruedas

patinar sobre hielo

Preguntas: **¿Por qué te gusta / le gusta?**
¿Por qué no te gusta / no le gusta?
Respuesta: **Creo que es . . .**

terrific	**amusing**	**fantastic**	**a good idea**
estupendo	divertido	fantástico	una buena idea

genial

aburrido

difícil

caro

Mis pasatiempos: *Opiniones*

Ejercicio L4 Escuche

Los pasatiempos que me gustan.
Escuche. Escriba las letras que corresponden a los números.
Hay DOS (2) letras para cada persona.

Ejemplo: **1 a, b**

Número 1

a

b

c

Número 2

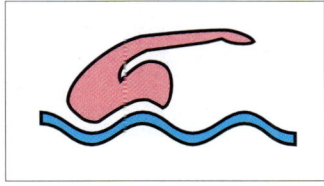
a

b

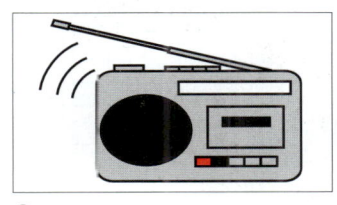
c

Número 3

a

b

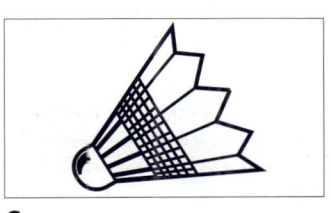
c

Número 4

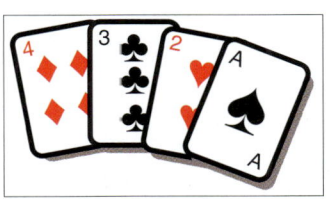
a

b

c

Número 5

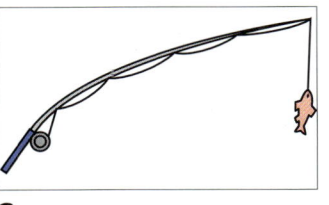
a

b

c

Número 6

a

b

c

(10 puntos)

33

Mis pasatiempos: *Una cita*

Pregunta: ¡Salimos esta tarde?
Respuesta: Sí.

Pregunta: ¡Adónde quieres ir?
Respuesta: . . .

al cine

a la cafetería

a la discoteca

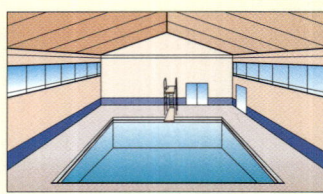
a la piscina

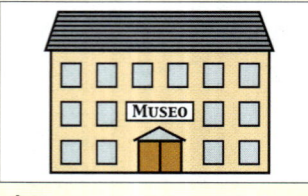
al museo

al restaurante

a la playa

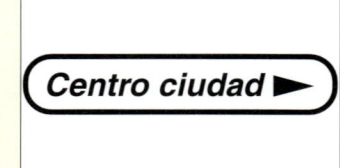
a la ciudad

Pregunta: ¡A qué hora nos vemos?
Respuesta: . . .

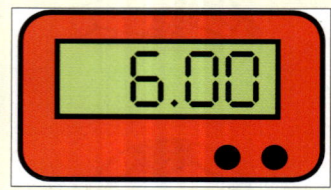
a las seis

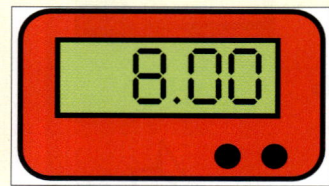
a las ocho

Pregunta: ¡Dónde nos vemos?
Respuesta: . . .

en el cine

en la piscina

en la estación

delante de Correos

34

Mis pasatiempos: *Una cita*

Ejercicio R3* Lee

Lee el mensaje.

Escribe la letra correcta: *a*, *b* o *c*.

Ejemplo: **I a**

> Micaela,
>   Muy bien. Creo que es una buena idea ir a la piscina.
>   Nos vemos delante de la estación a las 2. Por la tarde vamos al restaurante – ¿OK?
>   Y sábado por la tarde, ¿quieres ir a la cafetería conmigo y con Paulina?
>   Luego – a las 9 – podemos ir a la discoteca (no me gusta el cine). ¿Vale?

I Van . . .

a

b

c

2 Cita delante de . . .

a

b

c

3 Por la tarde . . .

a

b

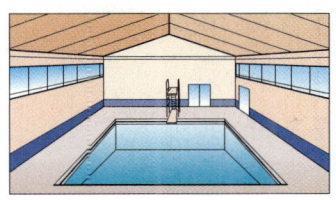
c

4 El sábado por la tarde . . .

a

b

c

5 A las 9 . . .

a

b

c

(4 puntos)

Mis pasatiempos: *Una cita*

*Ejercicio R4** **Lea**

Lea la postal.

> *Hola Carla,*
> *Pronto pasas una semana en mi casa. ¡Estupendo!*
> *Bueno, llegas el sábado y vamos al teatro.*
> *El domingo a las 8 es mi programa favorito en la tele.*
> *Pero el lunes por la tarde vamos a jugar al tenis de mesa con los amigos.*
> *El martes hay un torneo de tenis en el club. El miércoles por la tarde vamos de pesca con mi tío. El jueves, ¿quieres ir al cine?*
> *El viernes, claro, es cuando te vas.*
> *Escribe pronto,*
> *Marisol*

Escriba la letra correcta (actividad) para cada número (día).

Ejemplo: **1 a**

1 sábado

2 domingo

3 lunes

4 martes

5 miércoles

6 jueves

7 viernes

a

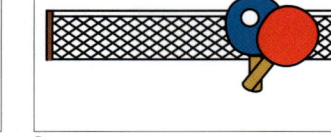
b

c

d

e

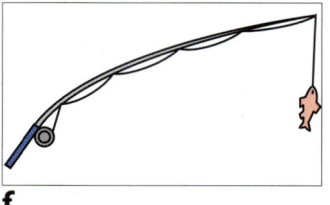
f

(6 puntos)

Mis pasatiempos: *Una cita*

*Ejercicio S2** Habla

Contesta.

1 Pregunta: (¿Salimos esta tarde?)

Respuesta: (*Sí.*)

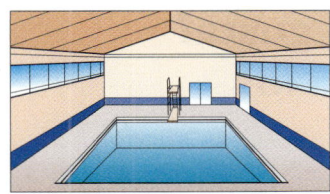

2 Pregunta: (¿Adónde quieres ir?)

Ejemplo: (*¿Al restaurante?*)

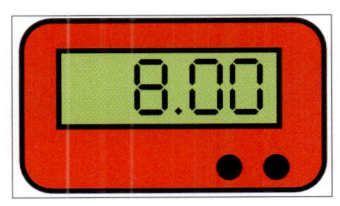

3 Pregunta: (¿A qué hora nos vemos?)

Ejemplo: (*¿A las ocho?*)

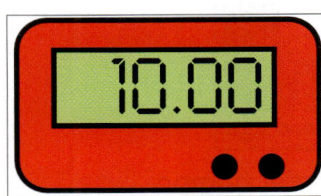

3 La tele y las estrellas

La tele y las estrellas: *Me gusta . . .*

Pregunta: **¿Qué tipo de música te gusta?**
Respuesta: **Me gusta . . . / No me gusta . . . la música . . .**

pop   clásica   rock

Pregunta: **¿Qué tipo de programa / film te gusta?**
Respuesta: **Me gustan . . . / No me gustan . . . los programas / las películas de . . .**

música   deporte   la naturaleza   ciencia-ficción

Respuesta: **Me gustan . . . / No me gustan . . .**

las películas policíacas   las películas de terror   las películas del oeste

 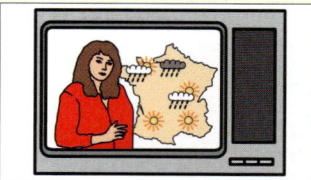

las comedias   el pronóstico del tiempo

las noticias   los dibujos animados   los juegos   las telenovelas

La tele y las estrellas: *Me gusta . . .*

Preguntas: **¿Por qué te gusta / le gusta?**
¿Por que no te gusta / no le gusta?
Respuesta: **Creo que es . . .**

amusing	**exciting**	**fantastic**
divertido	emocionante	fantástico

genial

aburrido

terrific
estupendo

Pregunta: **¿Vea mucho la tele / el programa?**
Respuesta: **Veo . . .**

lunes	✓
martes	✓
miércoles	✓
jueves	X
viernes	✓
sábado	✓
domingo	✓

casi todos los días

often
mucho

sometimes
a veces

never
nunca

Pregunta: **¿Cuál es tu programa / película favorito/a?**
Respuesta: **Prefiero . . .**

Friends

Casualty

Top Gear

Match of the Day

La tele y las estrellas: *Me gusta . . .*

Ejercicio L1 Escuche

Escuche y escriba las letras que corresponden a los números.

Ejemplo: **1 e**

a   b   c   d

e   f   g   h

(7 puntos)

Ejercicio R1 Lea

En la tele. ¿Qué tipo de programa . . . ?
Lea y escriba las letras que corresponden a los números.

Ejemplo: **1 d**

1 EastEnders	**a** Un programa de ciencia-ficción
2 The Simpsons	**b** Dibujos animados
3 Star Trek	**c** Un programa de música
4 Countdown	**d** Una telenovela
5 Newsnight	**e** Un programa de deporte
6 Match of the Day	**f** Una película de terror
7 The Bill	**g** Un programa policíaco
8 Top of the Pops	**h** Las noticias
	i Juegos

(7 puntos)

La tele y las estrellas: *Me gusta . . .*

Ejercicio R2 Lea

¿A qué hora?
Lea la lista de programas. Escriba la letra correcta para cada número.

Ejemplo: 1 b

1 Empieza a las trece.

2 Empieza a las doce y quince.

3 Empieza a las dieciocho horas.

4 Empieza a las dieciséis veinte.

5 Empieza a las diecinueve treinta.

6 Empieza a las veintidós cinco.

7 Empieza a las trece veinticinco.

Hoy en TVE2

a 12.15 Noticias

b 13.00 Neighbours – telenovela

c 13.25 Cine europeo

d 15.15 Donald y Mickey

e 15.40 Tu casa

f 16.20 Cine mundial

g 18.00 Noticias

h 18.45 Rueda de la Fortuna

i 19.30 Goles del día – fútbol

j 22.05 Teatro mundial

(6 puntos)

La tele y las estrellas: *Mi estrella favorita*

Preguntas: **¿Cuál es tu grupo favorito?**
¿Quién es tu estrella favorita?
Respuesta: **Prefiero . . .**

Michael Owen	**Sugababes**	**Jennifer López**	**Robbie Williams**

Pregunta: **¿Cuántos años tiene (tu estrella favorita)?**
Respuesta: **Tiene . . .**

18	**20**	**25**	**30**
dieciocho años	veinte años	veinticinco años	treinta años

Pregunta: **¿Cuánto mide (tu estrella favorita)?**
Respuesta: **Es . . .**
Respuesta: **Mide . . .**

		1 m 50	**1 m 60**
pequeño/pequeña	grande	un metro cincuenta	un metro sesenta

Pregunta: **¿De qué color son sus ojos / es su pelo?**
Respuesta: **Son . . . / Es . . .**

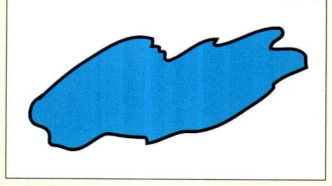 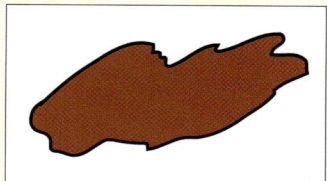

azules   marrones

La tele y las estrellas: *Mi estrella favorita*

Ejercicio S1*   Hable

Conteste.

1 Pregunta: ¿Qué grupo / tipo de música le gusta?

Ejemplo: *Me gusta . . . / No me gusta. . .*

2 Preguntas: ¿Cuál es su programa / película favorito/a?

Ejemplo: *Prefiero . . .*

   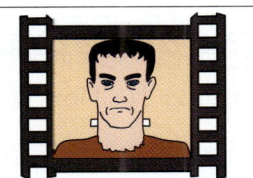

3 Pregunta: ¿Quién es su estrella favorita?

Ejemplo: *Prefiero . . .*

Michael Owen	**Madonna**	**Kate Winslet**

4 Pregunta: ¿Ve mucho la tele?

Ejemplo: *Veo . . .*

often

lunes	✓
martes	✓
miércoles	✓
jueves	✗
viernes	✓
sábado	✓
domingo	✓

sometimes

never

La tele y las estrellas: *Mi estrella favorita*

*Ejercicio L2** **Escuche**

Las estrellas.
Escuche y escriba V (verdadero) o F (falso).

Ejemplos: I V, 2 F

Número 1   La estrella favorita de Martina es David Beckham.

Número 2   Juega al cricket.

Número 3   Kylie Minogue es cantante de música clásica.

Número 4   Tiene treinta y dos años.

Número 5   Gérard Depardieu es actor.

Número 6   Es español.

Número 7   Tiene los ojos azules.

Número 8   Michael Schuhmacher es piloto de Fórmula 1.

Número 9   Es pequeño.

Número 10 Tiene los ojos morenos.

(8 puntos)

La tele y las estrellas: *Mi estrella favorita*

Ejercicio R3 **Lea**

Lea la descripción.

Escriba la letra correcta para cada número.

Ejemplo: **1 g**

1 Nombre

2 Edad

3 Domicilio

4 Toca

5 Mide

6 No le gusta

7 Pasatiempo

> *Mi estrella favorita es Anita. Tiene diecinueve años y vive en Valencia. Toca la batería en el grupo «Alina».*
> *Mide un metro cincuenta y es rubia con los ojos azules.*
> *Odia el deporte. Su pasatiempo favorito son los coches italianos, especialmente los Ferraris.*

Valencia

a

b

1 m 50

c

d

19

e

f

Anita

g

(6 puntos)

La tele y las estrellas: *Mi estrella favorita*

Ejercicios S* / W* Hable / Escriba

Hable: Grabe una carta.
Escriba: Haga un póster, una encuesta en clase, o escriba unas frases.

Preguntas:
> ¿Quién es su estrella favorita?
> ¿Cuál es su programa / película favorito/a?

Ejemplo:
> *Prefiero . . .*

Coronation Street	**Tom Hanks**

Lord of the Rings

Pregunta:
> ¿Que tipo de película / estrella / programa es?

Ejemplo:
> *Es . . .*

EastEnders Coronation Street

Pregunta:
> ¿Por qué le gusta?

Ejemplo:
> *Creo que es . . .*

 **exciting**

Escriba unas frases para describirlo / la.

nationality	**age**	**lives**

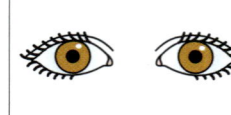  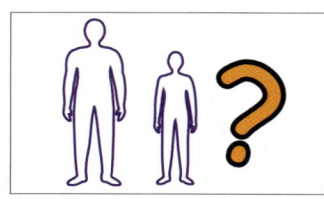 **hobbies**

4 Mi ciudad

Mi ciudad: *Diversiones*

Pregunta: **¿Qué hay en . . . ?**
Respuesta: **Hay . . .**

una discoteca

un cine

un teatro

una cafetería

un supermercado

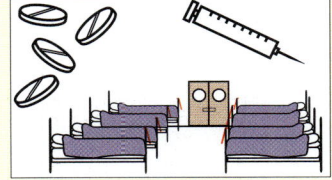
un hospital

un restaurante

Correos

un mercado

el castillo

un estadio

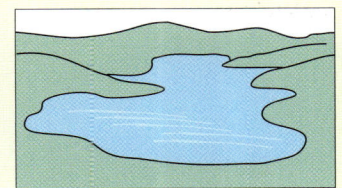
un lago

una piscina

una tienda

la estación

un museo

el ayuntamiento

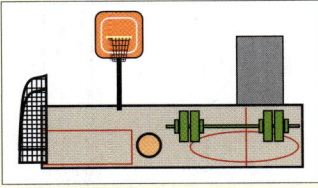
un polideportivo

una biblioteca

un parque

el club de jóvenes

un McDonalds

una iglesia

una catedral

Pregunta: ¿Cómo es . . . ?
Respuesta: Es . . .

moderna

pequeña

histórica

grande

Pregunta: ¿Qué se puede hacer en . . . ?
Respuesta: Se puede . . .

comprar sellos

ver obras de teatro

beber una coca-cola

ver una película

pasear

. . . ir . . .

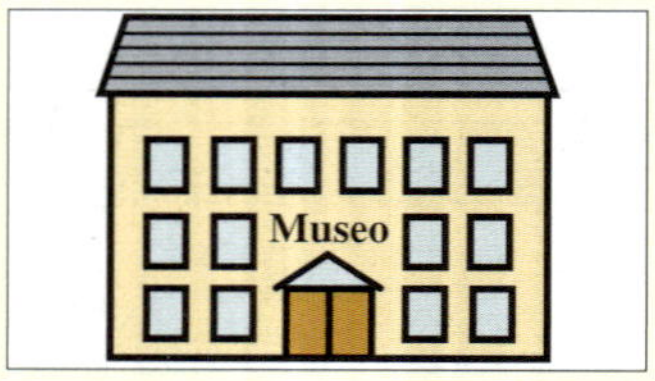

al museo

al mercado

al teatro

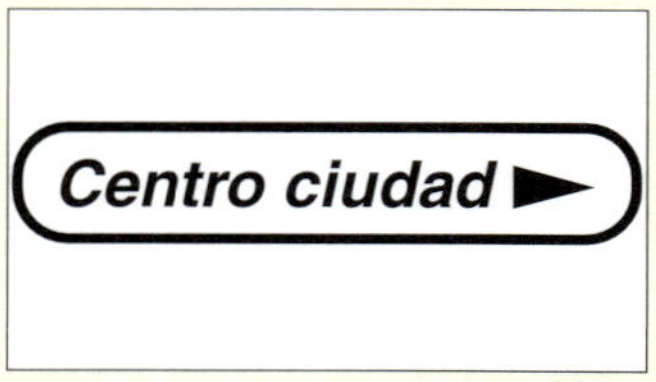

al centro de la ciudad

gimnasia

. . . hacer . . .

deporte

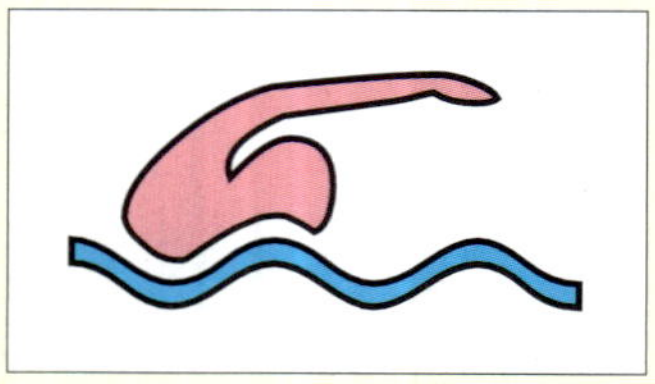

natación

monopatín

ciclismo

Mi ciudad: *Diversiones*

Ejercicio L1 Escucha

Escucha y escribe la letra correcta: *a, b* o *c*.
En mi ciudad hay . . .

Ejemplo: **1 b**

Número 1

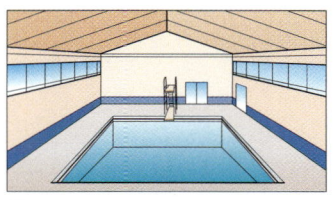

a

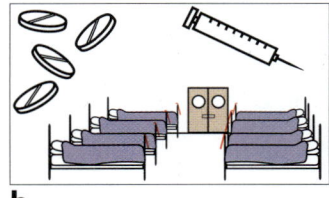

b

c

Número 2

a

b

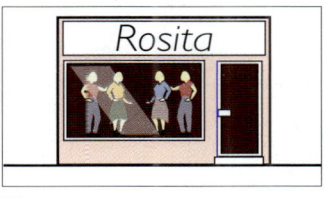

c

Número 3

a

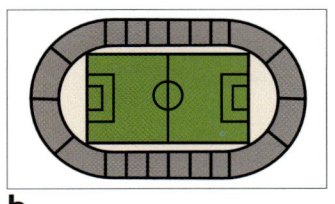

b

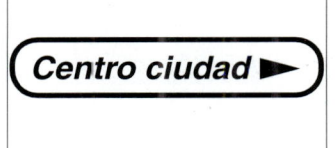

c

Número 4

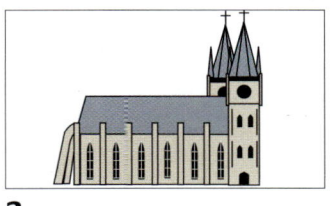

a

b

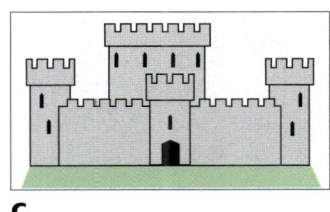

c

Número 5

a

b

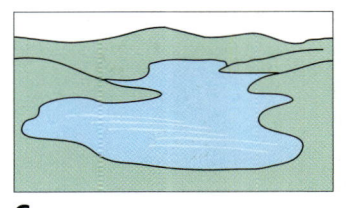

c

Número 6

a

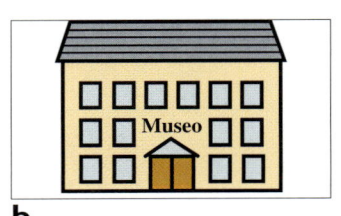

b

c

(5 puntos)

Mi ciudad: *Diversiones*

Ejercicio L2 Escuche

Escuche y escriba la letra correcta para cada número.

Ejemplo: **1 c**

a

b

c

d

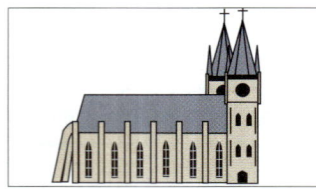

e

f

g

h

(6 puntos)

Mi ciudad: *Diversiones*

Ejercicio R1 Lee

Lee y escribe la letra correcta: *a*, *b* o *c*.

Ejemplo: **1 b**

Cerca de mi casa hay . . .

1 una cafetería

a

b
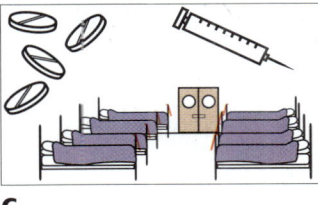
c

2 un supermercado

a

b

c

3 una discoteca

a

b

c

4 un lago

a

b
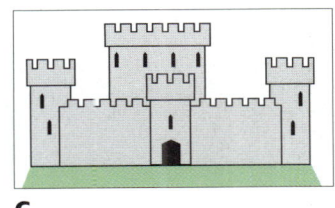
c

5 un cine

a

b

c

6 una tienda

a

b
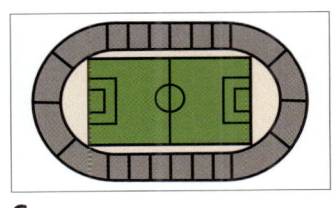
c

(5 puntos)

Mi ciudad: *Diversiones*

Ejercicio R2 Lea

Lea y escriba la letra correcta para cada número.

Ejemplo: **1 d**

1 El museo
2 La biblioteca
3 La estación
4 El castillo
5 El estadio
6 El polideportivo
7 La piscina
8 El restaurante
9 Correos
10 El centro de la ciudad

a

b

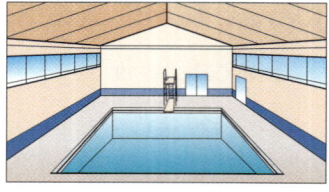

c

d

e

f

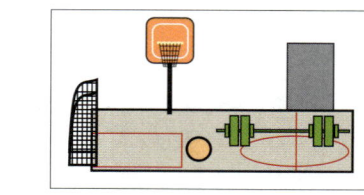

g

h

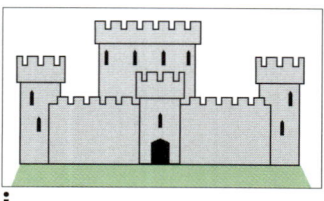

i

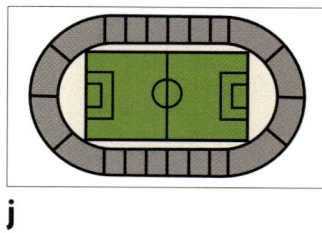

j

k

(9 puntos)

Mi ciudad: *Diversiones*

Ejercicio S1 **Habla**

Contesta.

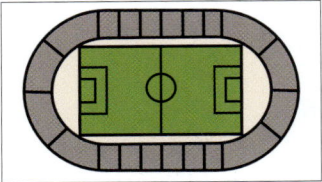

Pregunta: ¿Qué hay en tu ciudad?

Ejemplo: *Hay . . .*

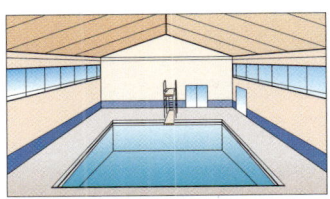

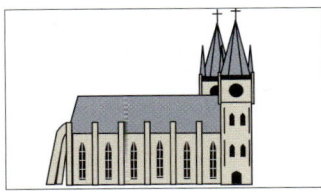

Pregunta: ¿Qué se puede hacer en tu ciudad?

Ejemplo: *Se puede . . .*

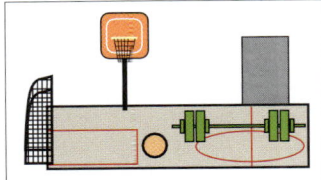

Mi ciudad: *Diversiones*

Ejercicio W1   Escribe

Mira el plano de la ciudad.

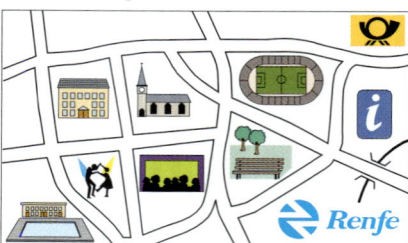

Copia los nombres de los cinco edificios.

Ejemplo: **1**  oficina de turismo   *oficina de turismo*

2  Correos

3 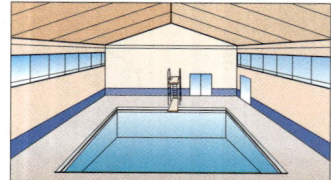 piscina

4  estación

5  iglesia

6  supermercado

Mi ciudad: *Diversiones*

Ejercicio W2 Escribe

Mira el plano de la ciudad.

Describe la ciudad.
Escribe cuatro frases.

Ejemplo: *Hay una discoteca.*

Ejercicio L3 Escucha

Escucha y escriba la letra correcta para cada número.

Ejemplo: **I f**

a

b

c

d

e

f

g

h

(6 puntos)

Mi ciudad: *Diversiones*

Ejercicio R3 **Lea**

Lea la postal.

> ¡Hola!
>
> Soy yo, Julia. Vivo en Burgos en España.
>
> Me gusta Burgos porque hay muchas diversiones: discotecas, teatros, cafeterías, y parques.
>
> Se puede visitar los museos y la catedral. La catedral es histórica y grande. También se puede hacer deporte: fútbol, ciclismo o natación.
>
> Me encanta la natación. La piscina es muy grande y moderna.
>
> Y tú, ¿qué te gusta hacer?
>
> Mil abrazos,
>
> Julia

1 Escriba las letras de cuatro sitios de la postal.

Ejemplo: **a**

a

b

c

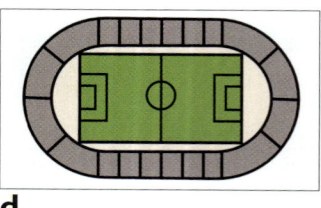

d

e

2 Escriba las letras de tres actividades de la postal.

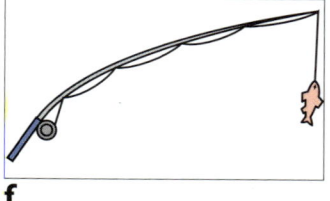

f

g

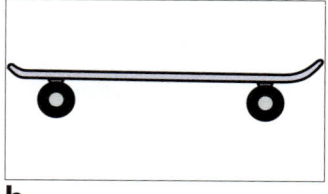

h

i

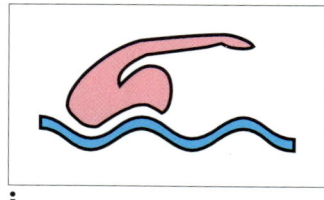

j

(6 puntos)

Mi ciudad: *Opiniones*

Pregunta: ¿Te gusta tu ciudad?
Respuesta: Me gusta / Me encanta . . .

Es . . .

estupenda

buena

interesante

bonita

barata

Respuesta: No me gusta / Odio . . .

Es . . .

fatal

aburrida

fea

cara

bastante

muy

Mi ciudad: *Transporte*

Pregunta: ¿Cómo vas a las tiendas?
Respuesta: Voy . . .

 en autobús

 en autocar

 a pie

 en tren

 en bici

en coche

Respuesta: El trayecto dura . . .

 diez minutos

 veinte minutos

 media hora

Está . . .

quite a long way

bastante lejos

not far

bastante cerca

58

Mi ciudad: *Transporte*

Ejercicio L4 Escucha

Escucha y escribe la letra correcta: *a, b* o *c*.

Ejemplo: I c

Número I

María   Marisa   Martina

a   b   c

Se continúa.
Número 2

a   b   c

Número 3

a   b   c

Se continúa.
Número 4

a   b   c

Número 5

a   b   c

(4 puntos)

Mi ciudad: *Transporte*

Ejercicio R4 Lee

Lee la postal.

Escribe la letra correcta: *a*, *b* o *c*.

Ejemplo: **1 c**

> ¡Hola!
>   Soy yo, Cristina. Vivo en un pueblo.
>   Pero no me gusta el campo.
>   Voy mucho a las tiendas en la ciudad.
>   Voy a la ciudad en autobús. El trayecto dura media hora.

1 Se llama . . .

a

b

c

2 La opinión de Cristina . . .

a

b

c

3 Le gusta . . .

a

b

c

4 Va a la ciudad en . . .

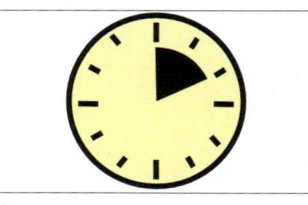
a

b

c

5 Pueblo → ciudad . . .

a

b

c

(4 puntos)

Mi ciudad: *Opiniones y transporte*

Ejercicio S2 **Habla**

Contesta.

Preguntas: ¿Te gusta . . . ?   ¿Por qué?

Ejemplo: *Me gusta . . .*   *Es . . .*

Pregunta: ¿Cómo vas a las tiendas?

Ejemplo: *Voy . . . El trayecto dura . . .*

Mi ciudad: *Las horas de apertura*

Pregunta: **¿A qué hora se abre?**
Respuesta: **A . . .**

las ocho

las ocho y media

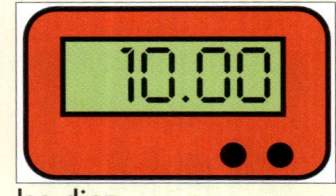
las nueve y media

las diez

las diez y media

las once

las catorce treinta

las dieciséis horas

las dieciocho treinta

las veintiuna horas

Pregunta: **¿El (estadio) está cerrado / abierto (los lunes)?**
Respuesta: **Está abierto / cerrado . . .**

los lunes
_____
los martes
_____
los miércoles
_____
los jueves
_____
los viernes
_____
los sábados
_____
los domingos

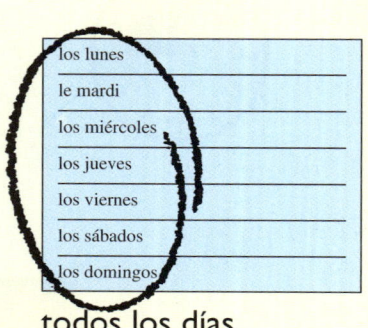
todos los días

Mi ciudad: *Las horas de apertura*

Ejercicio L5 Escuche

Escuche. ¿A qué hora se abre?
Escriba la letra correcta.

Ejemplo: **1 c**

a b c d

e f g h

(6 puntos)

Ejercicio R5 Lea

Lea y escriba la letra correcta.

Ejemplo: **1 f**

1

Disco Kiss
abierta
viernes–domingo

5

Club de Jóvenes
abierto
miércoles–sábado

2

Biblioteca
cerrada los domingos

6

Piscina Aquaclub
cerrada
los domingos y los lunes

3

Estadio Gento
abierto sábado y
domingo

7

Cine Ritz
abierto
martes–domingo

4

Parque
abierto todos los días

Open:

a Wednesday–Saturday

b Monday–Friday

c Tuesday–Saturday

d Tuesday–Sunday

e Saturday and Sunday

f Friday–Sunday

g Monday–Saturday

h every day

(6 puntos)

Mi ciudad: *General*

Preguntas: ¿Dónde vives? ¿Dónde está . . . ?
Respuesta: Vivo en . . . Está . . .

en el norte

en el sur

en el este

en el oeste

en el centro

en la costa

en el campo

en la montaña

near

cerca de

Pregunta: ¿Cómo es . . . ?
Respuesta: Es . . .

un pueblo

una ciudad pequeña

una ciudad grande

histórico

industrial

viejo

moderno

bonito

ugly

feo

Mi ciudad: *General*

Ejercicio L6 Escucha

Un chico habla de su ciudad.
Escucha y escribe la letra correcta: *a, b* o *c*.

Ejemplo: **1 c**

Número 1
El chico se llama . . .

Andrés	**Carlos**	**Martín**
a	b	c

Número 2
Vive en . . .

a   b   c

Número 3
Colina está . . .

a   b   c

Número 4
La ciudad está . . .

 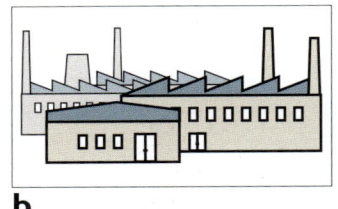 

a   b   c

Número 5
La ciudad es . . .

a   b   c

(4 puntos)

Mi ciudad: *General*

Ejercicio R6 Lee

Lee la postal.

Escribe la letra correcta: *a, b* o *c*.

Ejemplo: **1 b**

Querido Pablo,
   Escribo un poco sobre mi ciudad. Vivo en Barcelona.
   Barcelona es una ciudad grande y bastante industrial.
   Barcelona está en el este de España en la costa.
   Me gusta eso; voy mucho a la playa.

1 Vive en . . .

Burgos

a

Barcelona

b

Bayona

c

2 Barcelona es . . .

a

b

c

3 Barcelona es . . .

a

b

c

4 Barcelona está . . .

a

b

c

5 Barcelona está . . .

a

b

c

(4 puntos)

Mi ciudad: *General*

Ejercicio S3 Habla

Contesta.

I Pregunta: ¿Dónde vives?

Ejemplo: *Vivo en Newmarket.*

near

2 Pregunta: ¿Dónde está (Newmarket)?

Ejemplo: *Está en el centro.*

3 Pregunta: ¿Cómo es tu ciudad?

Ejemplo: *Es industrial . . .*

5 Las compras

Las compras: *Comida*

Pregunta: **¿Señor / Señorita / Señora?**
Respuesta: **Quiero . . . / ¿Tiene . . .?**

pan

queso

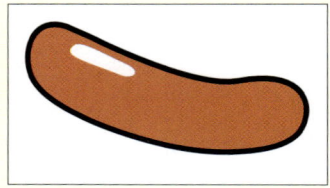
salchichón

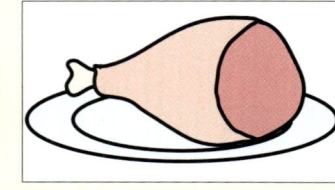
jamón

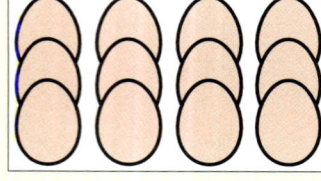
huevos

zanahorias

tomates

guisantes

piña

melón

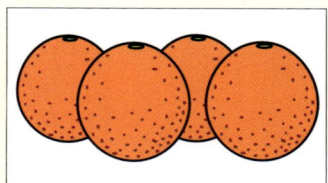
naranjas

peras

manzanas

melocotones

plátanos

galletas

un helado

mermelada

agua mineral

leche

una coca-cola

un zumo de naranja

sardinas

Pregunta: **¿Cuánto quiere?**
Respuesta: **Quiero . . .**

un kilo

medio kilo

cien gramos

un litro

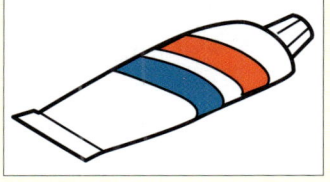

un tubo

una botella

una lata

un jarro

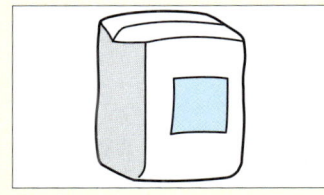

un paquete

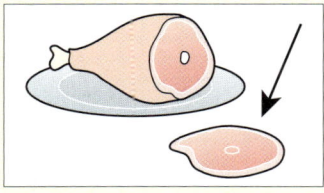

una loncha

un bolso de plástico

Las compras: *Comida*

Ejercicio L1   Escucha

Merche habla con el tendero.
Merche compra . . .
Escucha y escribe las SEIS (6) letras correctas.

Ejemplo: **b**

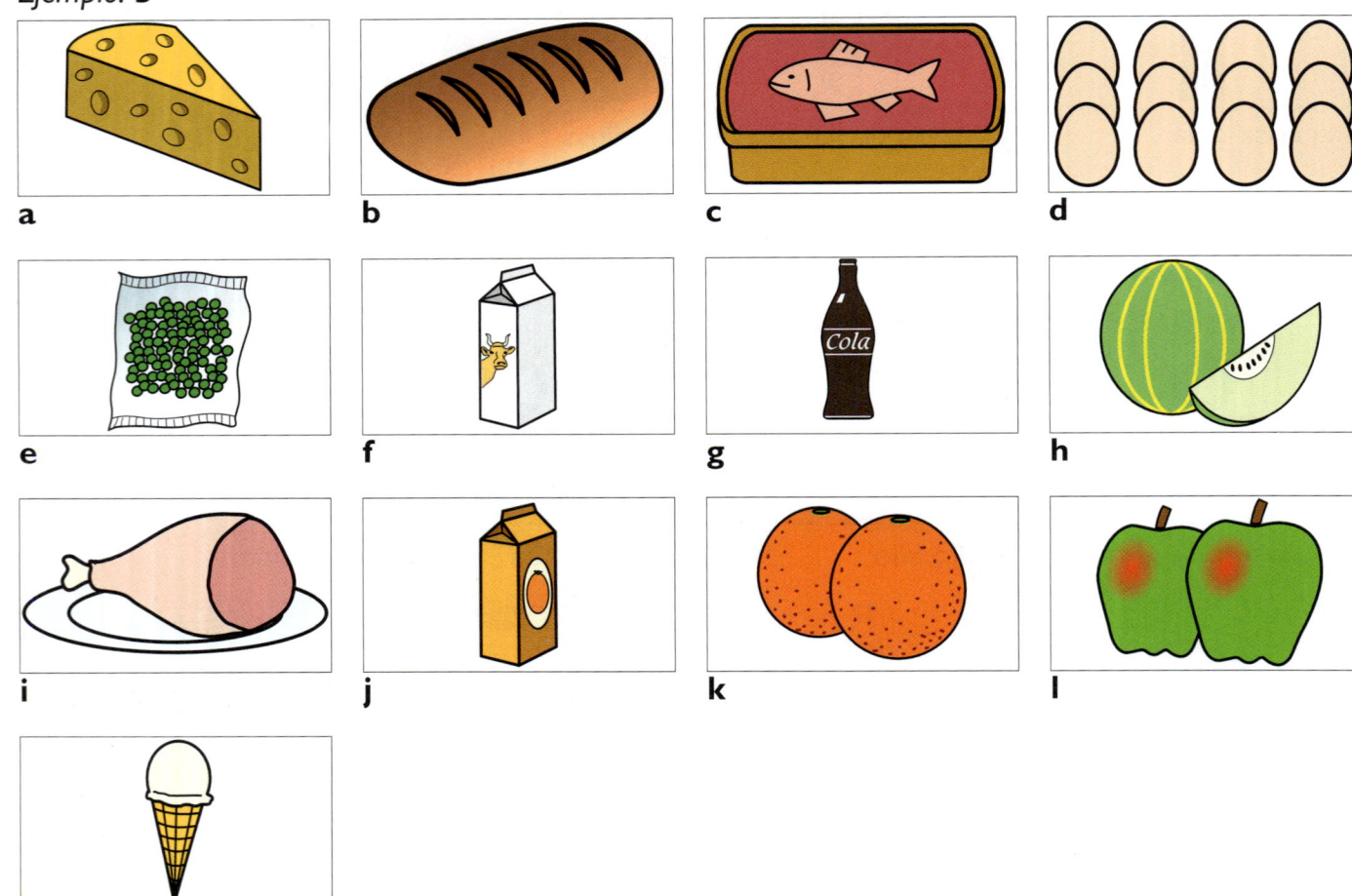

a

b

c

d

e

f

g

h

i

j

k

l

m

(5 puntos)

Las compras: *Comida*

Ejercicio R1 **Lee**

Lee. Escribe las letras correctas.

Ejemplo: **1 b**

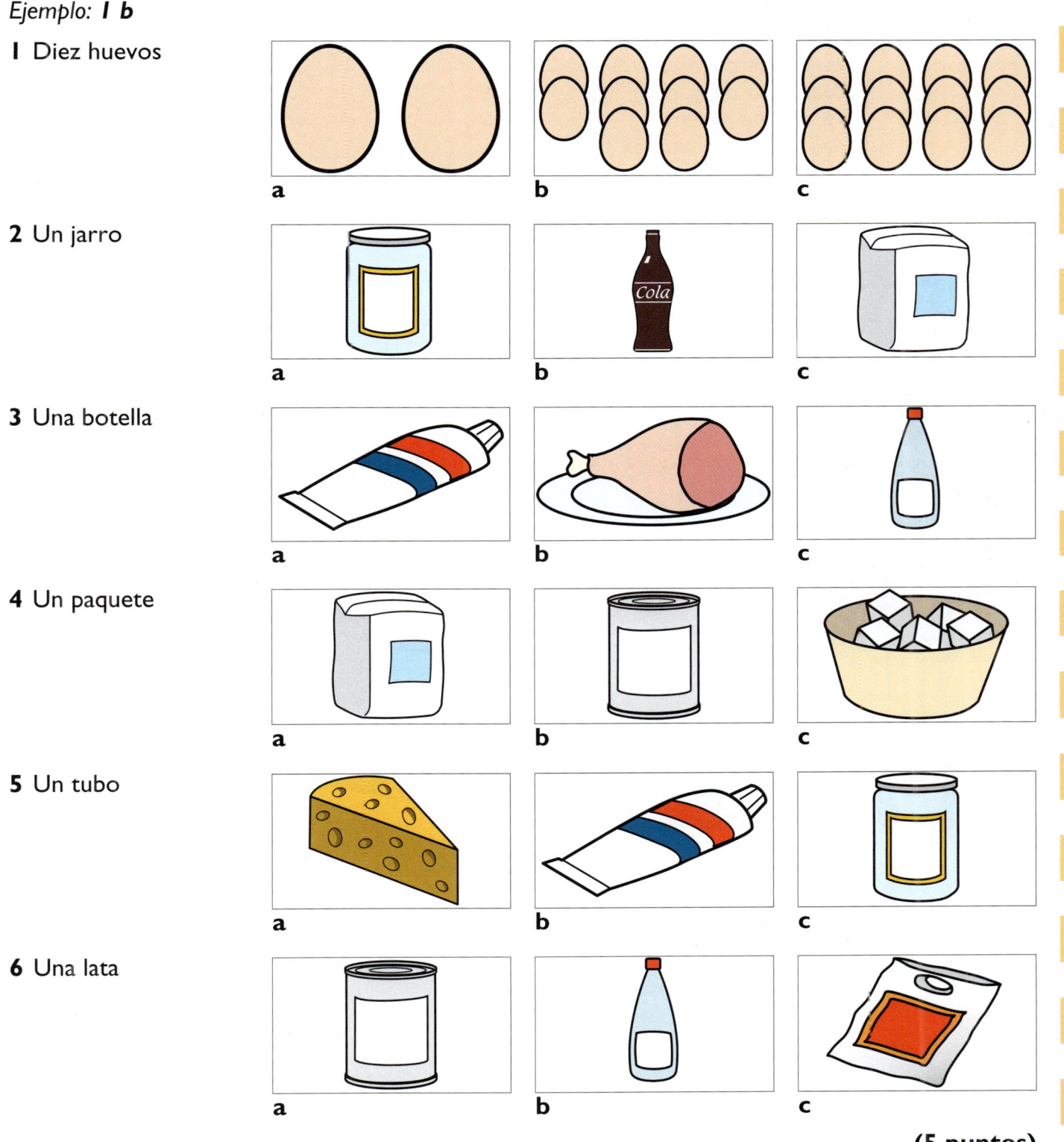

1 Diez huevos

a   b   c

2 Un jarro

a   b   c

3 Una botella

a   b   c

4 Un paquete

a   b   c

5 Un tubo

a   b   c

6 Una lata

a   b   c

(5 puntos)

Las compras: *Comida*

Ejercicio R2 **Lee**

Lista de compras.
Lee la lista.

> Un pan
> Un jarro de mermelada
> Un kilo de melocotones
> Medio kilo de queso
> Un litro de leche
> Medio kilo de tomates
> Un paquete de galletas
> Una botella de agua mineral

Escribe las OCHO (8) letras correctas.

Ejemplo: g

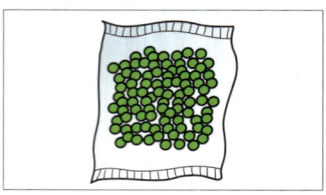

a

b

c

d

e

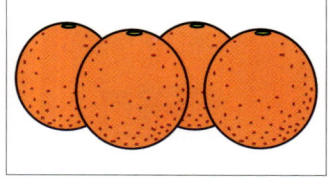

f

g

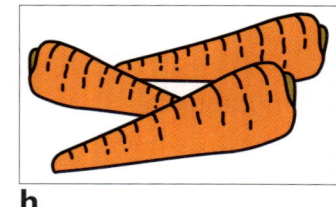

h

i

j

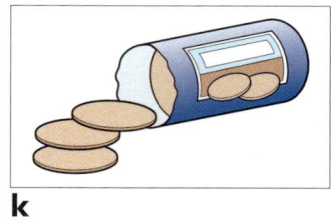

k

(7 puntos)

Las compras: *Comida*

Ejercicio W1   Escribe

Lista de compras.
Escribe una lista de SEIS (6) cosas.

Ejemplo: 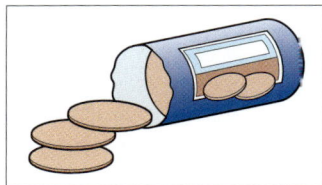   *Un paquete de galletas*

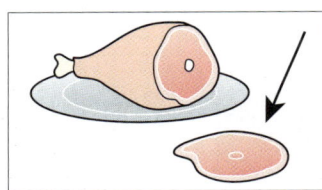

(5 puntos)

Las compras: *La ropa*

Pregunta: **¿En qué puedo servirle?**
Respuesta: **Busco / ¿Tiene . . . ?**

un sombrero

una corbata

una camiseta

una blusa

una camisa

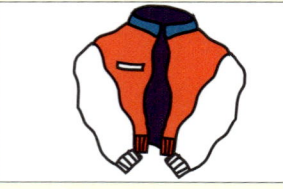
una chaqueta

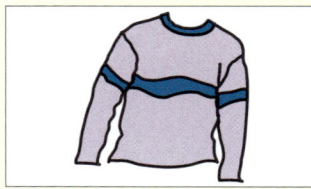
un suéter

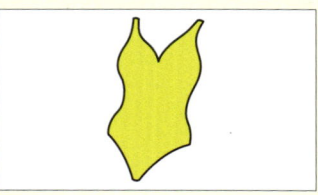
un traje de baño

un pantalón

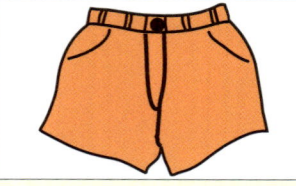
pantalón corto

vaqueros

una falda

guantes

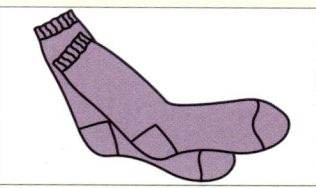
calcetines

botas

zapatos

zapatillas

botas de fútbol

un abrigo

un traje

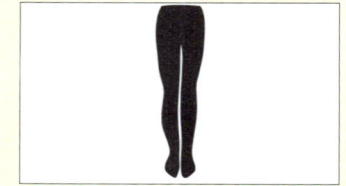
una media

un traje de footing

un vestido

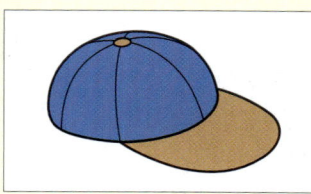
una gorra

Pregunta: ¿De qué es?
Respuesta: Es de . . .

algodón

cuero

seda

lana

Pregunta: ¿Qué talla?
Respuesta: . . .

pequeña

mediana

36

treinta y seis

40

cuarenta

Pregunta: ¿En qué color?
Respuesta: En . . .

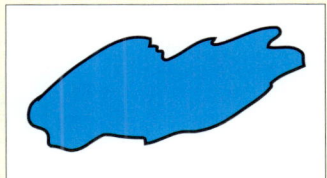
azul

amarillo

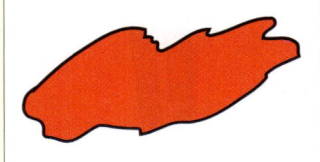
rojo

verde

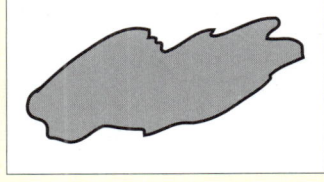
gris

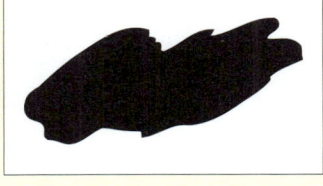
negro

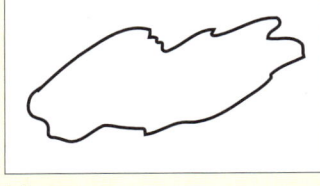
blanco

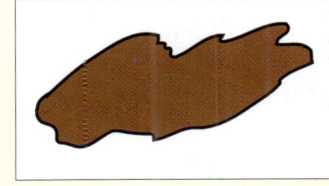
marrón

Pregunta: ¿Éste / Ésta?
Respuesta: Si, gracias / No, ¿tiene . . .?

Pregunta: ¿En qué planta?

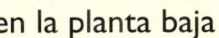
en la planta baja

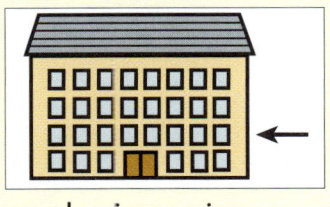
en el primer piso

en el segundo piso

Las compras: *La ropa*

Ejercicio L2 Escuche

Escuche y escriba la letra correcta para cada número.

Ejemplo: **1 d**

a

b

c

d

e

f

g

h

i

j

k

(10 puntos)

Las compras: *La ropa*

Ejercicio L3 **Escuche**

Escuche y escriba las letras que corresponden a los números.

Ejemplo: **1 b**

Número 1 Busco una chaqueta . . .

Número 2 ¿Tiene una falda . . . ?

Número 3 Busco un pantalón. ¿En qué color?

Número 4 ¿Tiene esta blusa en . . . ?

Número 5 Busco vaqueros . . .

Número 6 Busco un traje. ¿En qué color?

Número 7 ¿Tiene zapatos?

Número 8 Busco una camisa. ¿En qué color?

Número 9 ¿Tiene este abrigo en . . . ?

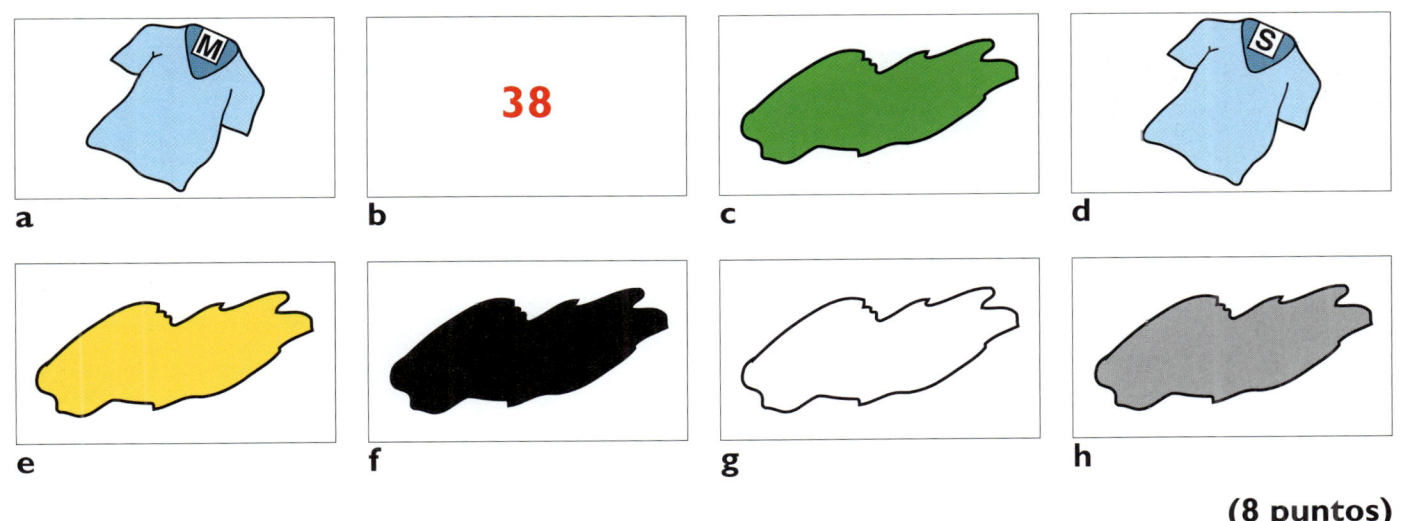

a   b   c   d

e   f   g   h

(8 puntos)

Las compras: *La ropa*

Ejercicio R3 Lea

Lea. Escriba las letras que corresponden a los números.

Ejemplo: **1 b**

1 Una camiseta
2 Un vestido
3 Una gorra
4 Un suéter
5 Una blusa
6 Una falda
7 Zapatos
8 Una chaqueta
9 Calcetines
10 Un pantalón

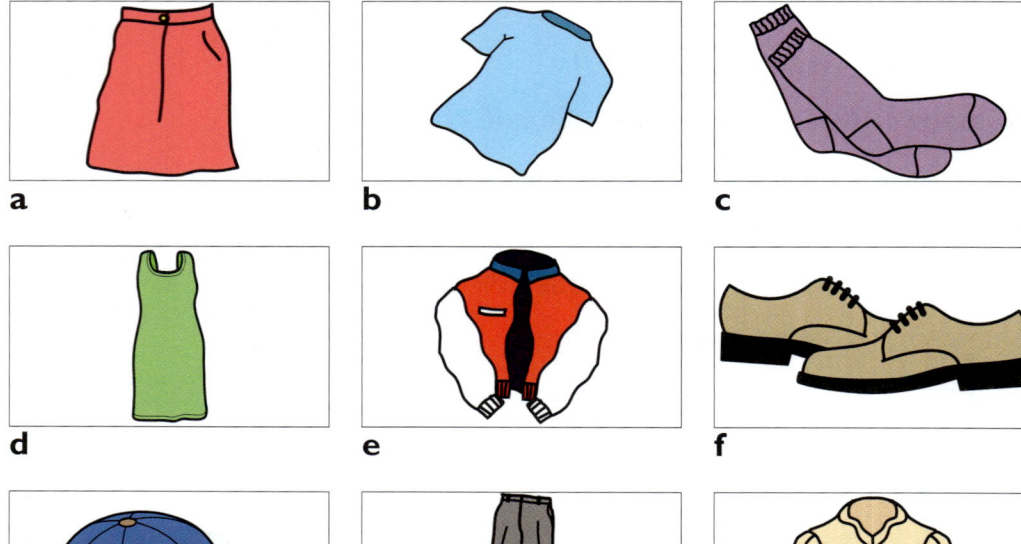

a   b   c

d   e   f

g   h   i

(9 puntos)

Las compras: *La ropa*

Ejercicio R4 * Lea

Lea. Escriba las letras que corresponden a los números.

Ejemplo: **1 c**

1 Busco un suéter negro.

2 Busco zapatos, número 32.

3 ¿Tiene un sombrero blanco?

4 Quiero un traje en talla 40.

5 Busco una falda en talla 36.

6 Quiero un traje de baño negro.

7 Quiero una chaqueta en talla 40.

a

b

c

d

e

f

(6 puntos)

Ejercicio W2 Escribe

Copia los nombres de los seis dibujos.

Ejemplo: **1**

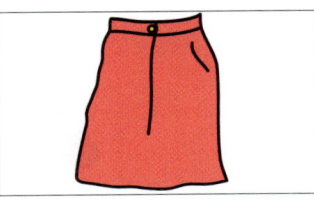 falda *falda*

 zapatos

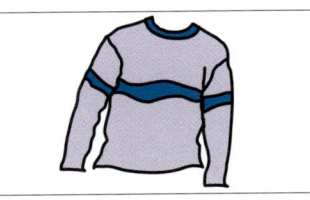 suéter

4  vaqueros

5  botas

6 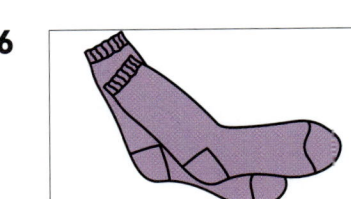 calcetines

Las compras: *La ropa*

Ejercicio S1* Hable

Conteste.

1 Pregunta: ¿En qué puedo servirle?

Ejemplo: *Quiero . . . / Busco . . .*

36

2 Pregunta: ¿Qué talla?

Ejemplo: . . .

40

3 Pregunta: ¿En qué color?

Ejemplo: *En . . .*

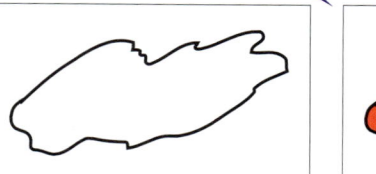

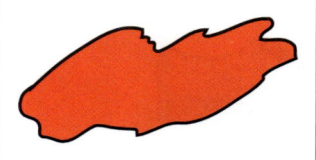

4 Pregunta: ¿Éste / Ésta?

Ejemplo: *Sí, gracias . . .*

Ejercicio S* / W* Hable / Escriba

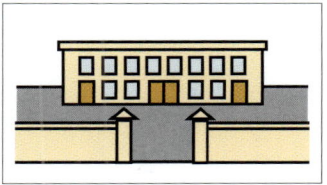

En el colegio . . .

En casa . . .

En la discoteca . . .

Llevo . . .

Ejemplo: Llevo una camisa.

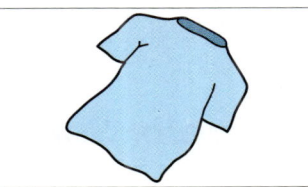

Las compras: *A pagar*

Pregunte: . . .

¿Cuánto es?

Ejemplo: Son . . .

special offer	**€5**	**€12**	**€30**
precio especial	cinco euros	doce euros	treinta euros

€70	**too expensive**	**cheaper**
setenta euros	muy caro	más barato

Las compras: *La ropa ... A pagar*

*Ejercicio L4** Escuche

Precio especial.
Escuche y escriba las letras que corresponden a los números.
Hay DOS letras para cada número.

Ejemplo: **I c, X**

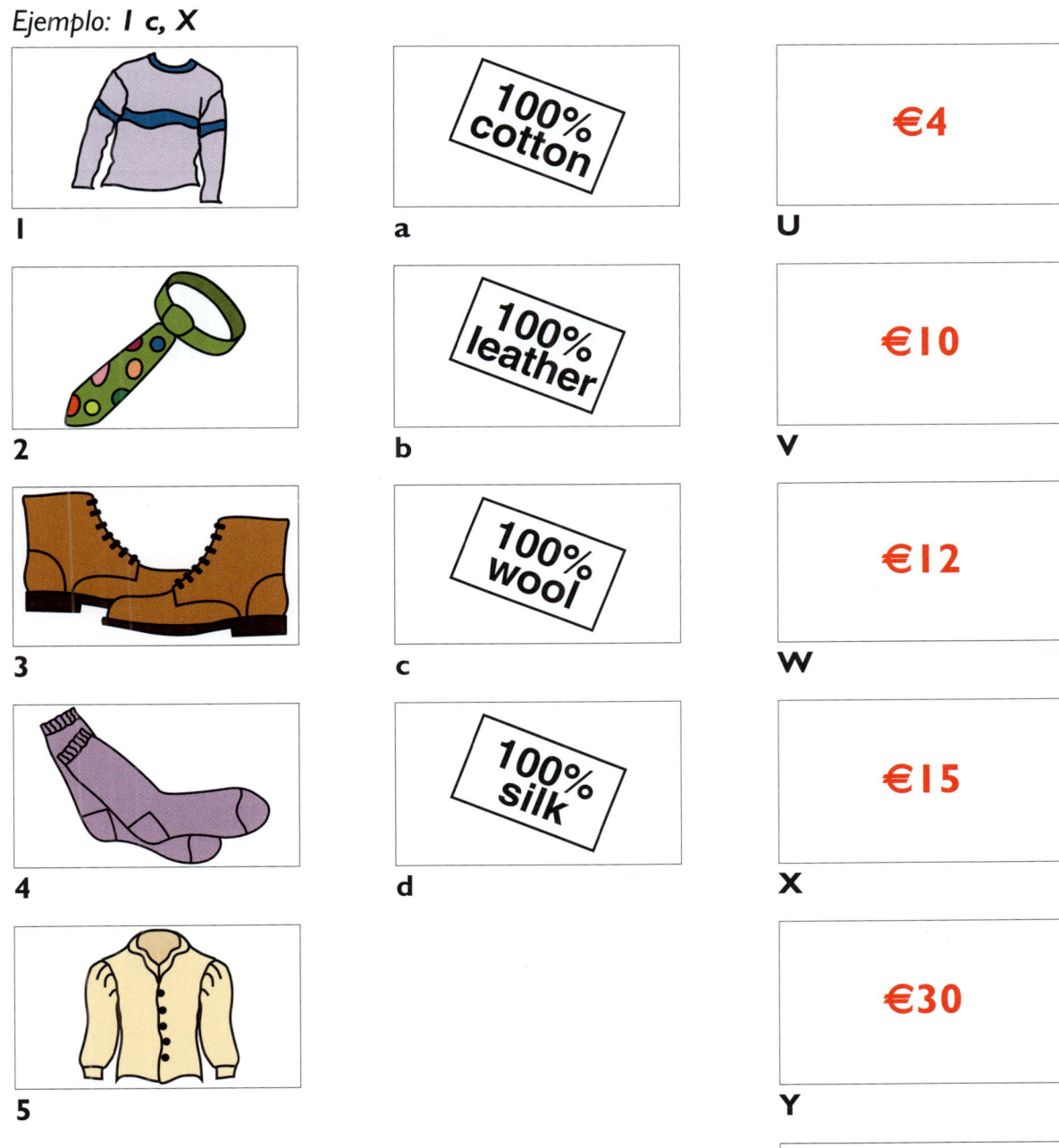

1	**a** 100% cotton	**U** €4
2	**b** 100% leather	**V** €10
3	**c** 100% wool	**W** €12
4	**d** 100% silk	**X** €15
5		**Y** €30
		Z €90

(8 puntos)

Las compras: *La ropa ... A pagar*

*Ejercicio R5** Lea

Lea.

1

REBAJAS

En el segundo piso
Corbatas de seda

€11

2

REBAJAS

Planta baja

Suéters de lana
Desde **€23**

3

REBAJAS

Tercer piso
Botas de fútbol de cuero
€25

4

REBAJAS

En el primer piso
Pantalones de
algodón
Desde €35

Escriba las letras que corresponden a los números.
Hay DOS letras para cada número.

Ejemplo: **I c, Y**

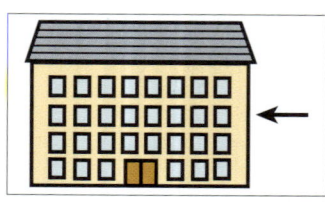

a

W

b

X

c

Y

d

Z

(6 puntos)

Las compras: *Comida . . . A pagar*

Ejercicio S2 * Habla

I Pregunta: ¿Señor / Señorita?

Ejemplo: *¿Tiene . . .?*

2 Pregunta: ¿Algo más?

Ejemplo: *Quiero . . .*

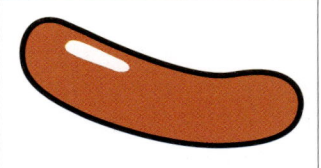
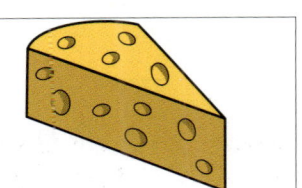
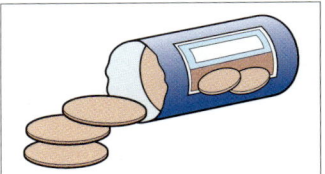
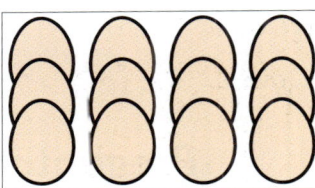

3 Pregunta: ¿Cuánto quiere?

Ejemplo: *Quiero . . .*

10

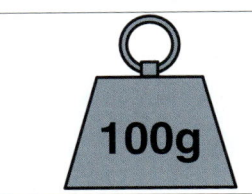
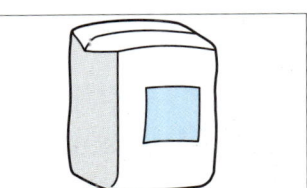

4 Pregunta: Tenga. ¿Algo más?

Respuesta: *. . .*

5 Pregunta: ¿Algo más?

Pregunta: *¿Tiene . . . ?*

6 Comer y beber

Comer y beber: *Me gusta . . . / Quiero . . . / Para mí . . .*

Pregunta: **¿Qué te gusta comer / beber?**
Respuesta: **Me gusta el queso . . .**

Me gusta

Prefiero

Me encanta

No me gusta

Odio

Pregunta: **¿Qué quiere?**
Respuesta: **Como . . . / Para mí . . .**

Como

No como

Para mí

Soy vegetariano/a

Preguntas: **¿Qué comen los españoles / tus amigos?**
Respuesta: **Comen . . .**

Comen . . .

Respuesta: Quiero . . . / Para mí . . .

una manzana

pan

cereales

torta

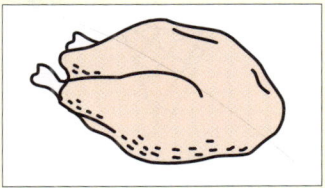
pollo

patatas fritas

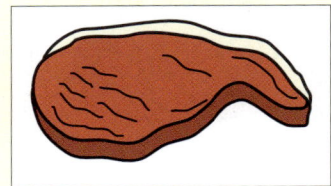
una chuleta

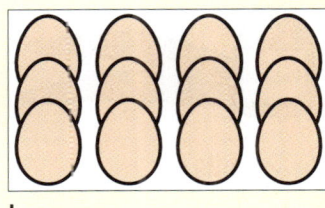
huevos

pescado

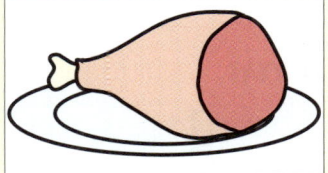
jamón

una hamburguesa

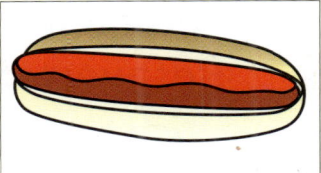
un perro caliente

una tortilla

una cebolla

churros

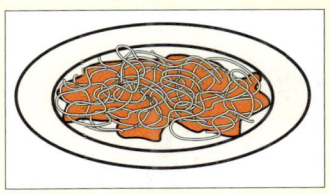
pasta

calamares

una pera

la pizza

entremeses

una ensalada

un bocadillo

mariscos

sopa

un filete

un flan

plátanos

un helado

de piña

de chocolate

de limón

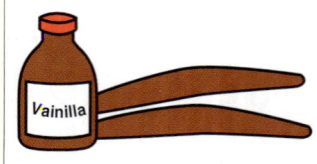

de vainilla

de fresa

un cucharón

dos cucharones

Pregunta: **¿Algo más?**
Respuesta: **Quiero . . . / Para mí**

bebidas

un zumo (de manzana)

un vino (blanco)

una cerveza

una coca-cola

un café

un chocolate caliente

una limonada

agua mineral

una Fanta

un té

un té con leche

Comer y beber: *Me gusta . . . / Quiero . . . / Para mí . . .*

Ejercicio L1 **Escuche**

Escuche y escriba las letras que corresponden a los números. *Ejemplo:* **1 a**

a b c d

e f g h

i j k

(9 puntos)

Ejercicio L2 **Escuche**

Escuche y escriba las letras que corresponden a los números.

Ejemplo: **1 b**

Número 1

Número 2

Número 3

Número 4

Número 5

Número 6

Número 7

Número 8

a b c

d e f

g h i

(7 puntos)

Comer y beber: *Me gusta . . . / Quiero . . . / Para mí . . .*

Ejercicio S1 **Habla**

Contesta.

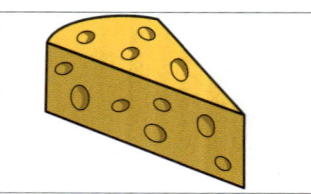

1 Pregunta: ¿Qué te gusta comer / beber?

Ejemplo: *Me gusta . . . / Prefiero . . . / Me encanta . . . / No me gusta . . . / Odio . . .*

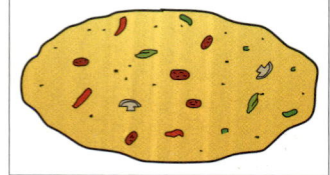   

   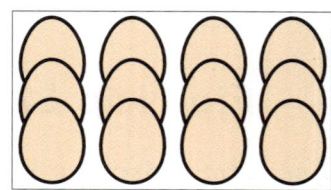

2 Preguntas:

¿Qué tomas para el desayuno / la cena?

¿Qué comen los españoles para el desayuno / la cena?

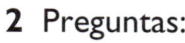

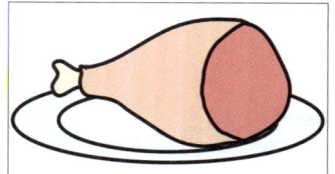

Ejemplos:

Me gusta . . . / Como . . .

Los españoles comen . . .

Comer y beber: *Me gusta . . . / Quiero . . . / Para mí . . .*

Ejercicio R1 Lee

Lee . . . Escribe la letra correcta: *a, b* o *c*.

Ejemplo: **1 *b***

1 La sopa

a

b

c

2 Una chuleta

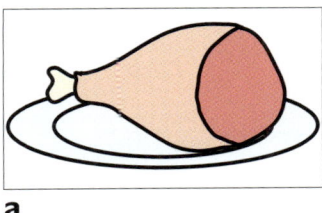
a

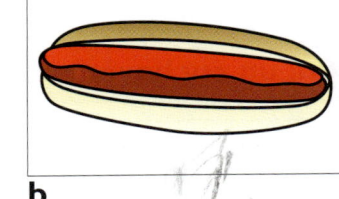
b

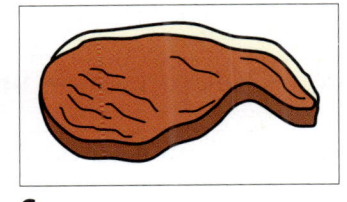
c

3 Una pera

a

b

c

4 El queso

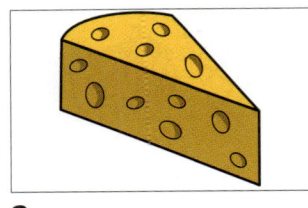
a

b

c

5 Un vino

a

b

c

(4 puntos)

91

Comer y beber: *Me gusta . . . / Quiero . . . / Para mí . . .*

Ejercicio R2 Lea

Lea y escriba la letra correcta para cada número.

Ejemplo: **1 b**

1 (Quiero uno de piña, dos cucharones.

2 (No me gusta el limón. Quiero uno de fresa, un cucharón.

3 (Quiero uno de vainilla, un cucharón.

4 (No como helado. Tomo churros.

5 (Quiero uno de limón, un cucharón.

6 (Quiero uno de fresa, dos cucharones.

7 (Quiero uno de limón, dos cucharones.

8 (Quiero uno de piña, un cucharón.

9 (No me gusta el limón. Quiero uno de vainilla, dos cucharones.

a

b

c

d

e

f

g

h

i

j

(8 puntos)

Comer y beber: *Me gusta . . . / Quiero . . . / Para mí . . .*

*Ejercicio R3** Lea

Lea los menús y las preferencias.

Menú A €11	Menú B €13	Menú C €14
Sopa de tomate	*Ensalada verde*	*Entremeses*
Tortilla	*Filete y patatas fritas*	*Plato de mariscos*
Helado	*Fruta*	*Queso*
		Flan

Recomiende un menú para cada persona. Escriba la letra A, B o C.

Ejemplo: 1 B

1 (**Me gusta la carne.**

2 (**Prefiero las manzanas.**

3 (**Quiero un helado de vainilla.**

4 (**Me encantan los plátanos.**

5 (**Me gusta la sopa.**

6 (**Quiero una comida fría.**

7 (**No como helados y odio el pescado.**

8 (**Sí, me gusta mucho el pescado.**

9 (**Soy vegetariana. No como ni carne ni pescado.**

(8 puntos)

Comer y beber: *Me gusta . . . / Quiero . . . / Para mí . . .*

Ejercicio W1 Escribe

Copia los nombres de los seis dibujos.

Ejemplo: 1 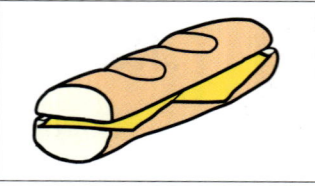 bocadillo *bocadillo*

2 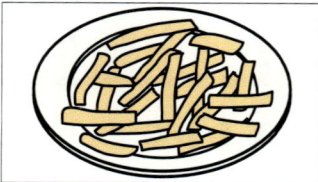 patatas fritas

3 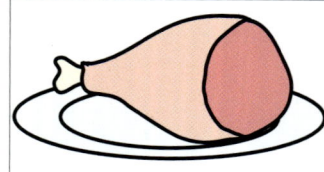 jamón

4  manzana

5 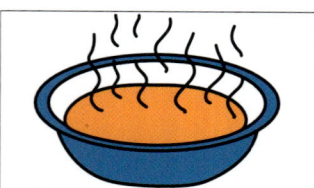 sopa

6  limonada

7  queso

Comer y beber: *¡Camarero! Quiero . . .*

	¡Camarero/a!
Pregunta:	**¿Qué desea?**
Respuesta:	**Quiero . . .**

una mesa para dos

una mesa para cuatro

el menú

Respuestas: **Tengo . . . / Hay . . .**

Pero no tengo . . . / no hay . . .

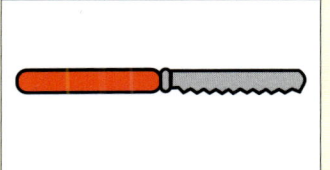
cuchillo

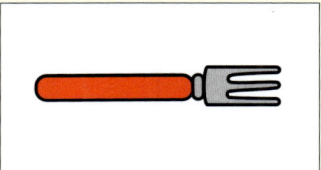
tenedor

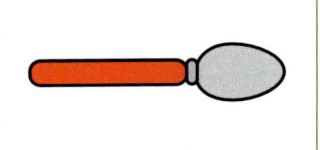
cuchara

sal

pimienta

silla

copa

plato

Pregunta:	**¿Qué desea?**
Respuesta:	**(páginas 89–90)**

Comer y beber: ¡Camarero! Quiero . . .

Ejercicio R4 Lea

Lea y escriba la letra correcta para cada número.

Ejemplo: **1 i**

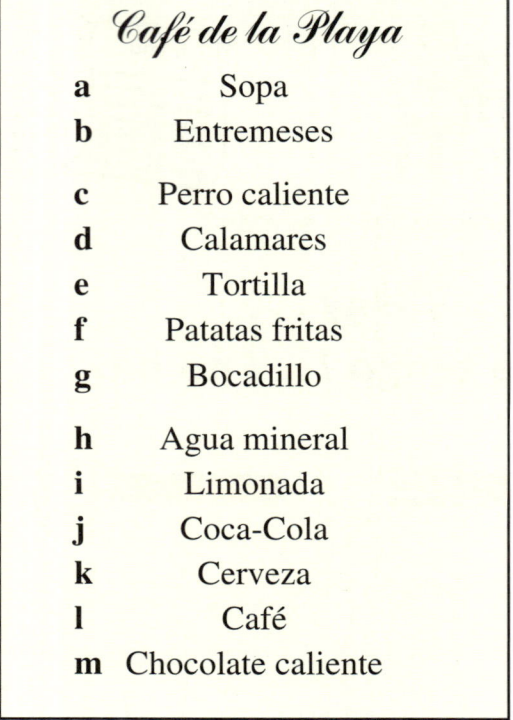

Café de la Playa

a	Sopa
b	Entremeses
c	Perro caliente
d	Calamares
e	Tortilla
f	Patatas fritas
g	Bocadillo
h	Agua mineral
i	Limonada
j	Coca-Cola
k	Cerveza
l	Café
m	Chocolate caliente

1

2

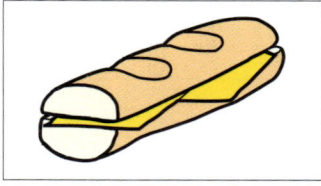

3

4

5

6

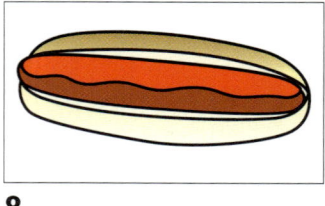

7

8

9

(8 puntos)

Comer y beber: *¡Camarero! Quiero . . .*

Ejercicio S2 Habla

Contesta.

1 Pregunta:  ¿Senor(ita)?

Ejemplo: 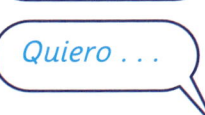 *Quiero . . .*

2 Pregunta:  ¿Qué desea?

Ejemplo:  *Quiero . . .*

 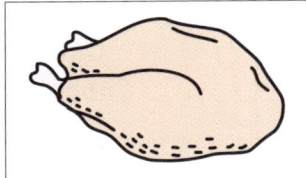

3 Pregunta:  ¿Algo más?

Ejemplo:  *Quiero . . .*

Comer y beber: ¡Camarero! Quiero . . .

Ejercicio W2 Escribe

Una mesa.

Describe la mesa. Escribe cinco frases.

Ejemplo:
Hay un plato.

(5 puntos)

Ejercicio R5 Lee

Lee los precios.

¿Cuánto es?
Escribe la letra correcta.

Ejemplo: 1 h

Bocadillo de jamón €2,00
Bocadillo de queso €2,50
Patatas fritas €1,60
Churros €0,80
Hamburguesa €1,50
Café €0,90
Café con leche €1,00
Chocolate caliente €1,20
Cerveza €1,30
Coca-Cola €0,90
Zumo de manzana €1,10

a €0,90
b €1,00
c €1,10
d €1,20
e €1,30
f €1,50
g €1,60
h €2,00
i €2,50

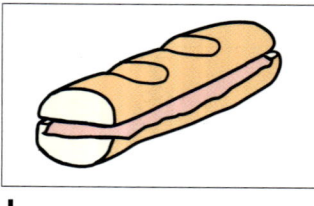

1

2

3

4

5

6

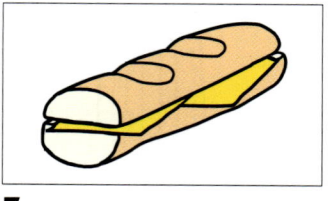

7

8

(7 puntos)

Comer y beber: ¡Camarero! Quiero ...

Ejercicio W3* Escriba

Escriba un menú.

Ejemplos:
patatas fritas €1,50

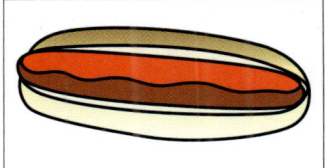

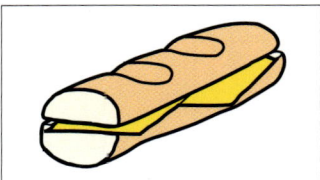

Comer y beber: *La cuenta*

Pregunta: **¿Qué quiere?**
Respuesta: **La cuenta.**

€2

dos euros

€3,60

tres euros sesenta

€4

cuatro euros

€4,20

cuatro euros veinte

€4,30

cuatro euros treinta

€4,45

cuatro euros cuarenta
y cinco

€4,50

cuatro euros cincuenta

€5

cinco euros

€3,45

tres euros cuarenta y
cinco

Comer y beber: ¡Camarero! Quiero . . . / La cuenta

Ejercicio S3 **Hable**

Conteste.

Pregunta:  ¿Qué desea?

Ejemplo:  *Quiero . . . / Para mí . . .*

Ejercicio L3 **Escucha**

En el restaurante. Alicia y Bernardo hablan con el camarero.
Escucha e indica quién habla de cada cosa.
Para Alicia escribe A; para Bernado escribe B.

Ejemplo: **I A**

Número I

Número 5

Número 2

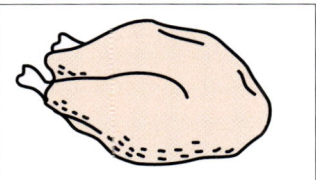

Número 6

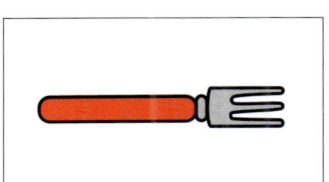

Número 3

Número 7

Número 4

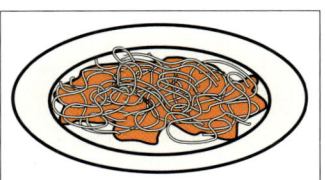

(6 puntos)

Comer y beber: ¡Camarero! Quiero . . . / La cuenta

Ejercicio L4 Escuche

Escuche y escriba las letras que corresponden a los números.

Ejemplo: **I b**

Número 1

Número 2

Número 3

Número 4

Número 5

Número 6

Número 7

Número 8

Número 9

a €2

b €3

c €3,20

d €3,30

e €3,45

f €3,50

g €4,10

h €4,50

i €4,60

j €5

(8 puntos)

7 Salud y forma

Salud y forma: *El cuerpo*

Pregunta: ¿Qué es esto en español?
Respuesta: Es . . . / Son . . .

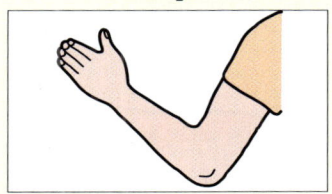

el brazo

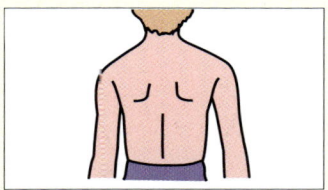

la espalda

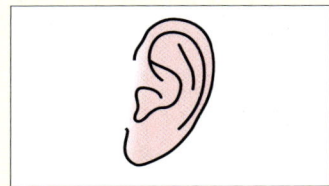

la oreja

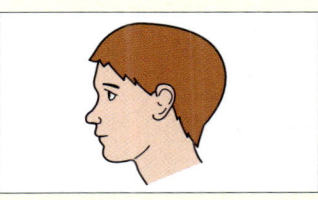

la cabeza

la cara

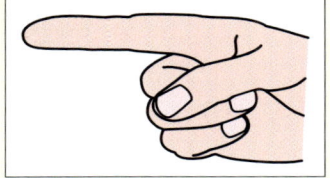

el dedo

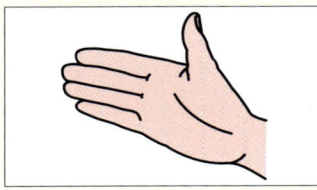

la mano

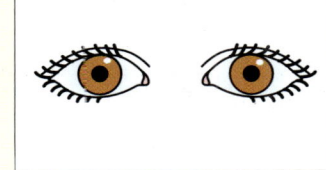

los ojos

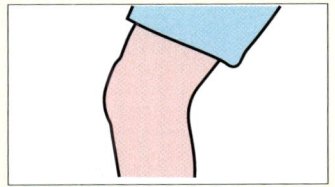

la rodilla

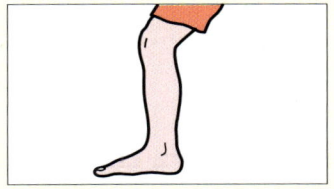

la pierna

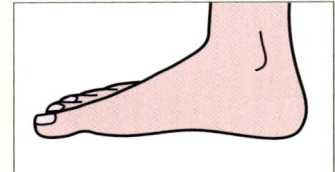

el pie

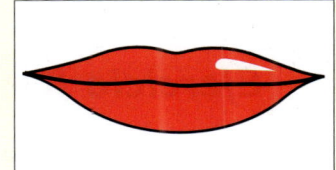

la boca

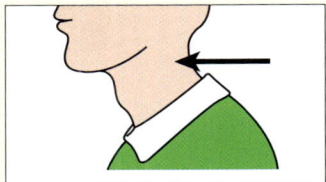

el cuello

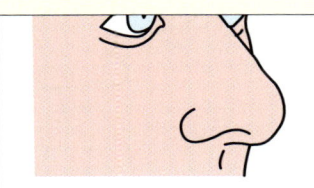

la nariz

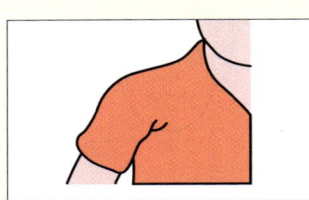

el hombro

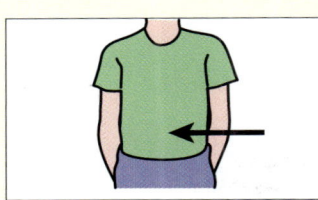

el estómago /
el vientre

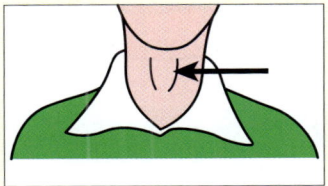

la garganta

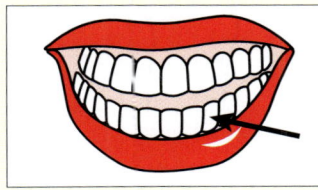

los dientes

Salud y forma: *El cuerpo*

Ejercicio L1 **Escuche**

Escuche y escriba las letras que corresponden a los números. *Ejemplo:* **1 a**

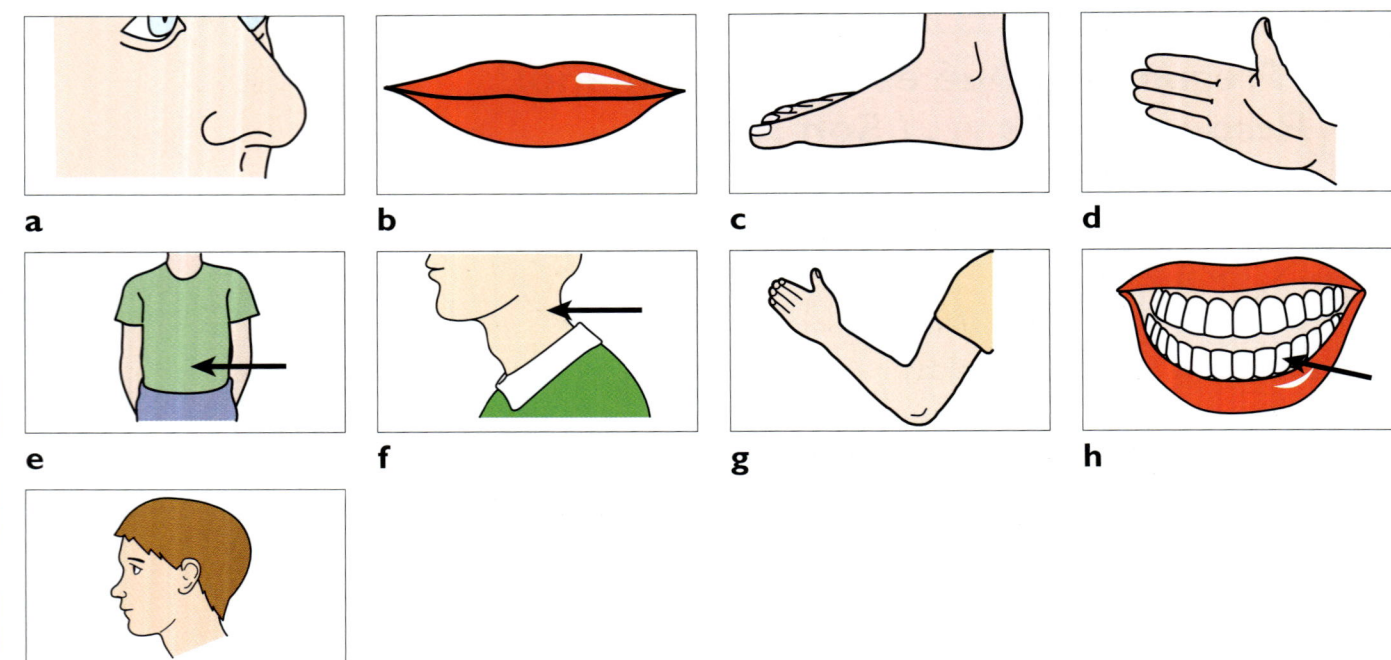

(8 puntos)

Ejercicio R1 **Lea**

¿Qué es esto en español? Escriba la letra correcta para cada número.

Ejemplo: **1 c**

1 los ojos

2 la espalda

3 la rodilla

4 la oreja

5 la boca

6 la nariz

7 los dientes

8 la pierna

9 la cara

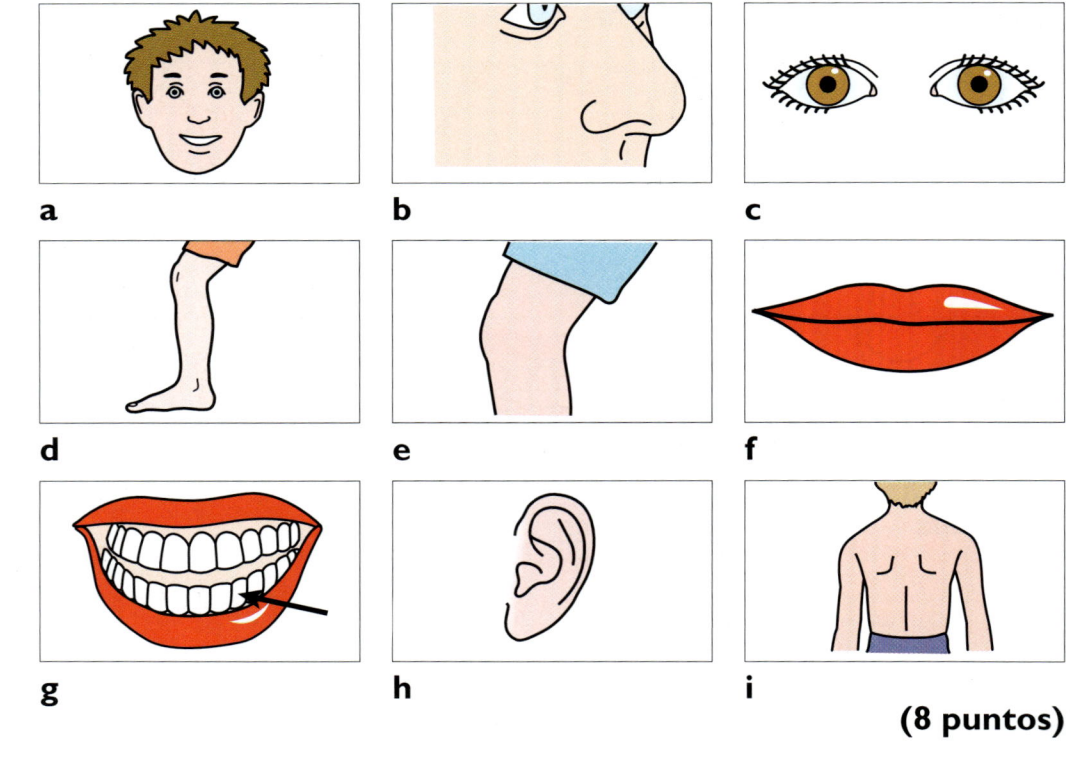

(8 puntos)

Salud y forma: *El cuerpo*

Ejercicio W1 **Escriba**

Copie las cinco partes del cuerpo.

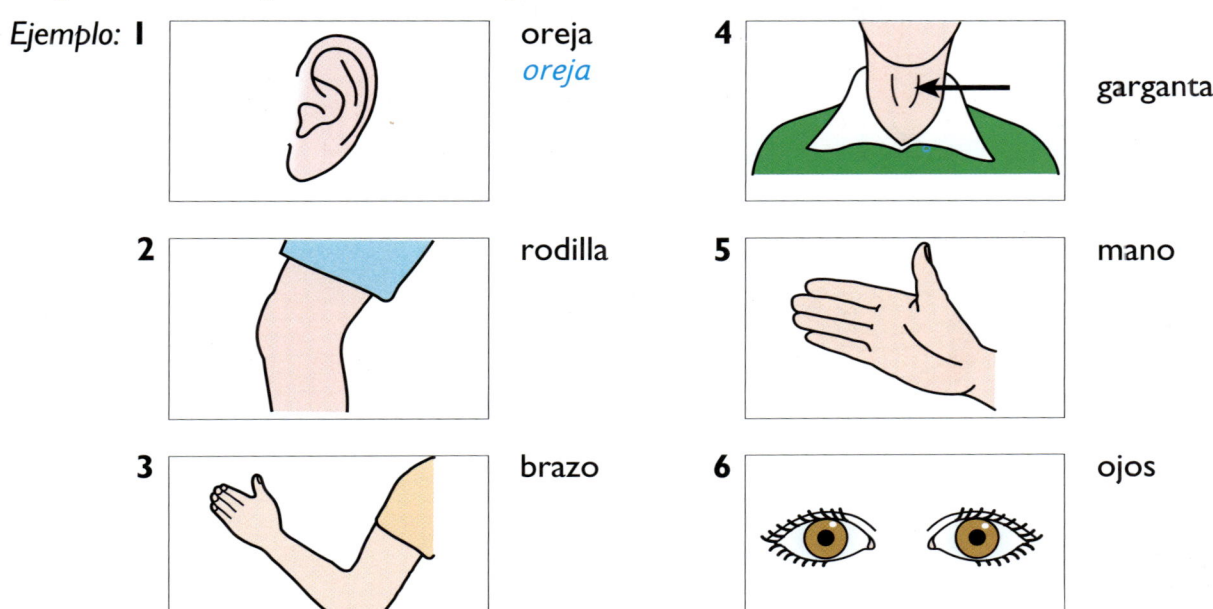

Ejemplo: 1   oreja
oreja

2   rodilla

3   brazo

4   garganta

5   mano

6   ojos

Ejercicio W2 **Escriba**

Escriba las palabras correctamente.

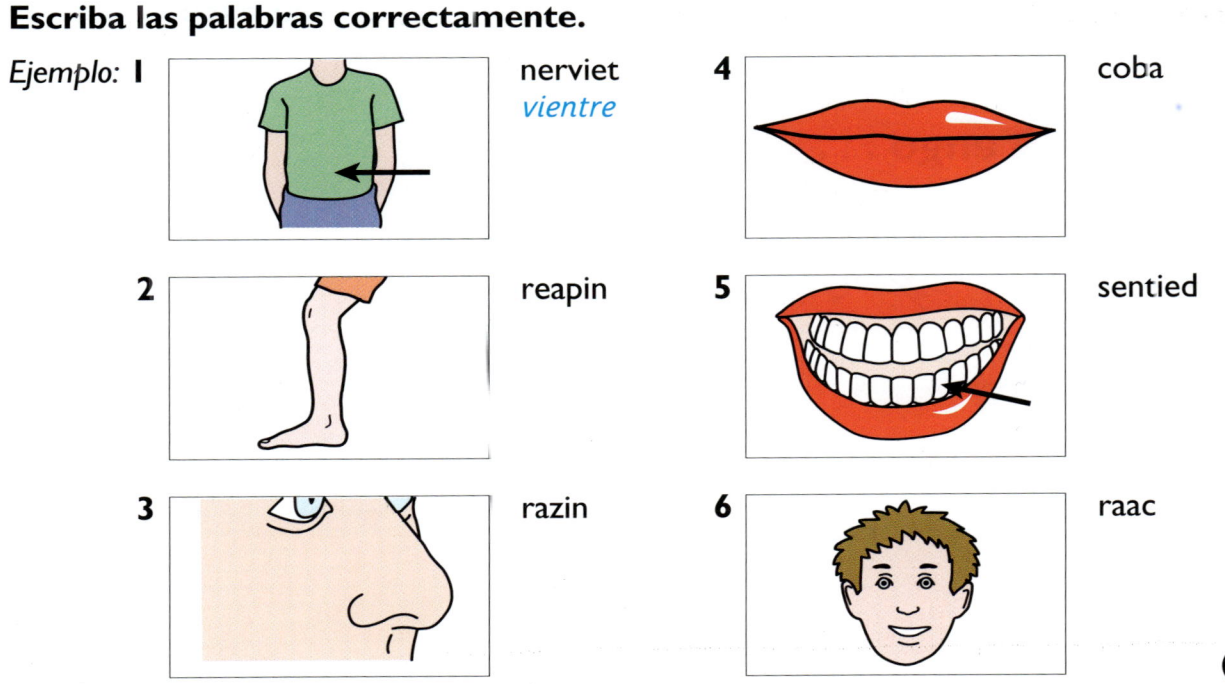

Ejemplo: 1   nerviet
vientre

2   reapin

3   razin

4   coba

5   sentied

6   raac

(5 puntos)

Salud y forma: *Problemas*

Pregunta: **¿Qué le pasa?**
Respuesta: **Me duele(n) . . .**

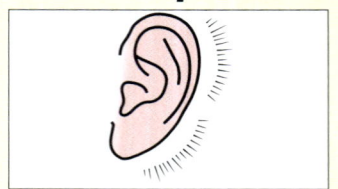

la oreja

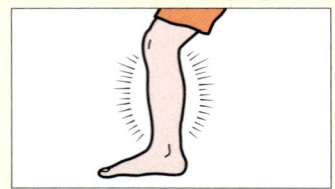

la pierna

el vientre

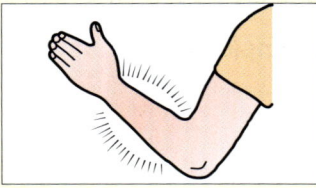

el brazo

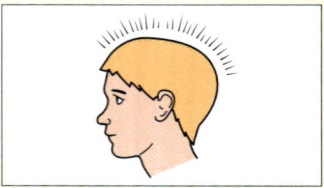

la cabeza

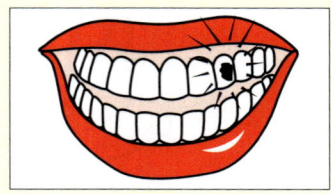

los dientes

Respuesta: **Me . . .**

rompí el brazo

quemé la mano

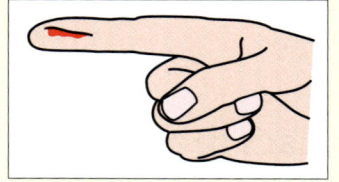

corté el dedo

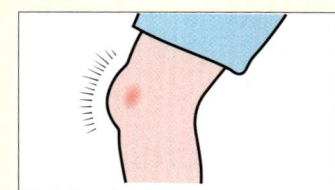

herí la rodilla

Respuesta: **Tengo . . .**

fiebre

gripe

Salud y forma: *Problemas*

Ejercicio L2 Escuche

Escuche y escriba las letras que corresponden a los números.

Ejemplo: 1 e

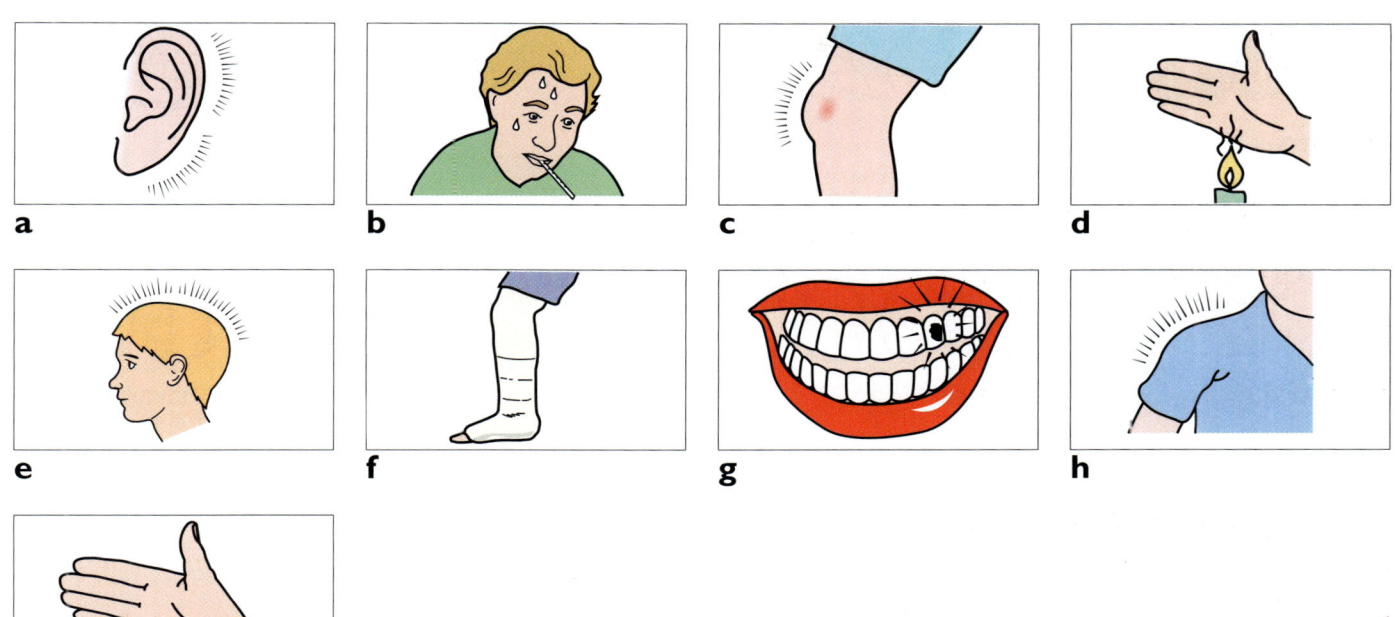

a

b

c

d

e

f

g

h

i

(8 puntos)

Salud y forma: *¿En forma?*

Pregunta: **¿Qué come / bebe usted?**
Respuesta: **Como . . . / Bebo . . .**

manzanas

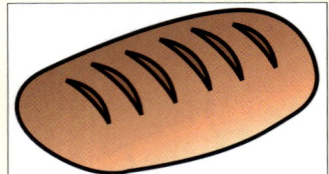

pan

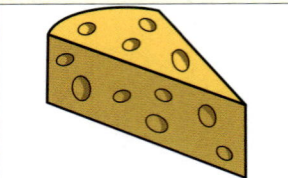

queso

patatas fritas

hamburguesas

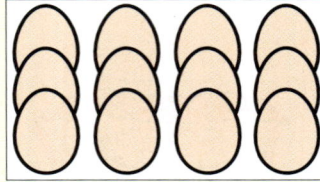

huevos

mermelada

zumo de naranja

sopa

azúcar

Pregunta: **¿Qué hace usted?**
Respuesta: **Juego al . . .**

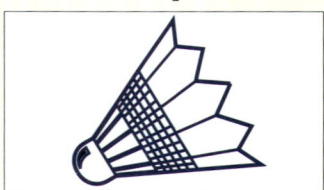

bádminton

baloncesto

fútbol

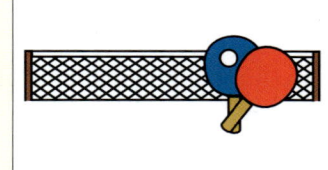

tenis de mesa

tenis

voleibol

Pregunta: **¿Qué hace usted?**
Respuesta: **Hago . . .**

ciclismo

gimnasia

equitación

patinaje sobre hielo

footing

deporte

Respuesta: **Voy a . . .**

bailar

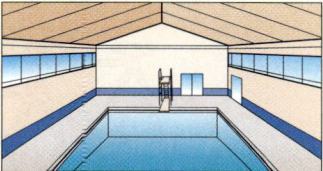

la piscina

Respuesta: **. . .**

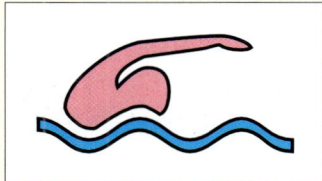

Nado

Salud y forma: *¿En forma?*

Ejercicio L3 Escuche

Escuche y escriba las letras que corresponden a los números.

Ejemplos: **1 f**

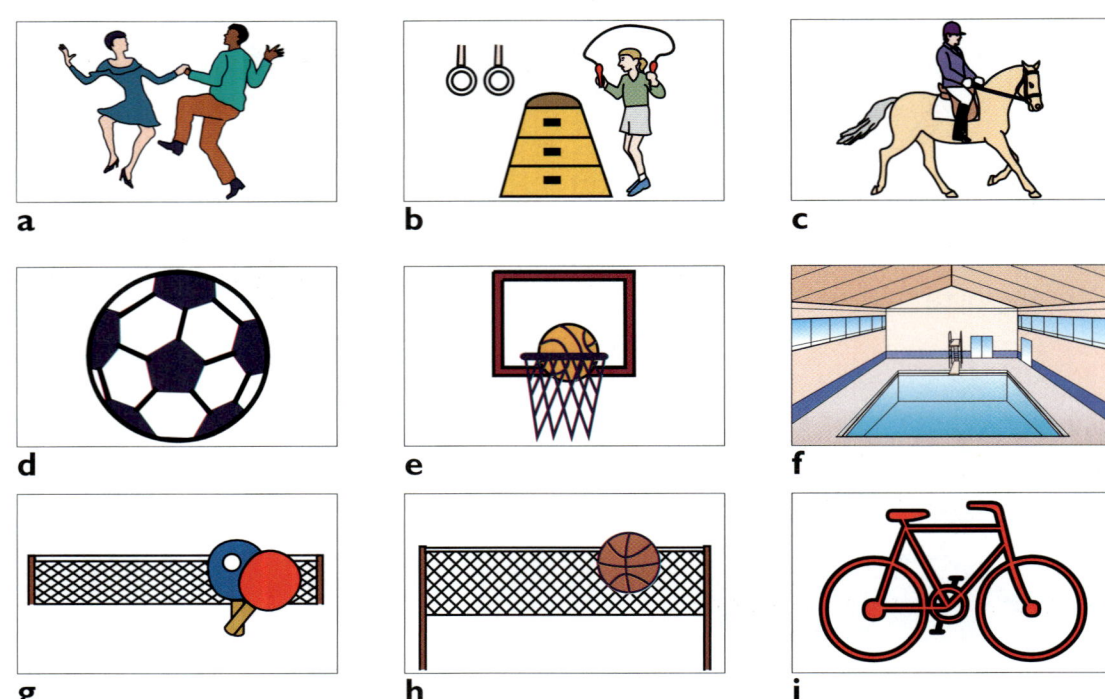

a

b

c

d

e

f

g

h

i

(8 puntos)

Salud y forma: ¿En forma?

Ejercicio R2 Lea

Mire la lista.

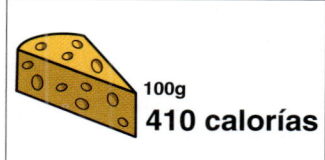 100g **410 calorías**

 **330 calorías**

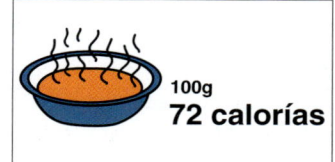 100g **72 calorías**

 100g **52 calorías**

 100g **270 calorías**

 100g **240 calorías**

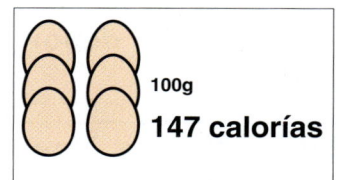 100g **147 calorías**

 100g **272 calorías**

 100g **448 calorías**

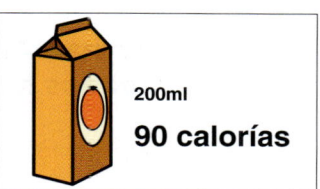 200ml **90 calorías**

Escriba la letra correcta para cada número.

Ejemplo: 1 e

1 mermelada
2 una hamburguesa
3 manzanas
4 azúcar
5 zumo de naranja
6 huevos
7 patatas fritas
8 sopa
9 queso

a 52 calorías
b 72 calorías
c 90 calorías
d 147 calorías
e 240 calorías
f 270 calorías
g 272 calorías
h 410 calorías
i 448 calorías
j 330 calorías

(8 puntos)

Salud y forma: ¿En forma?

Ejercicio R3 **Lea**

Lea las descripciones.

> Me llamo **Delia.** Vivo en **Pamplona** y me gusta el deporte. **Nado** todos los días y juego mucho **tenis.**

> Me llamo **José.** Tengo 16 años y estoy en forma. Juego al **baloncesto** y me encanta el **voleibol.**

> Me llamo **Sofía.** No hago mucho deporte. Hago **natación** con mis amigas y por la tarde hago **equitación.**

> Me llamo **Miguel.** Vivo en Málaga. Voy a **bailar** los sábados por la noche y a veces hago **patinaje sobre hielo.**

> Me llamo **Andrés.** Tengo casi 15 años. No estoy en forma. De vez en cuando juego al **tenis de mesa** por la tarde en el club y los sábados hago un poco de **ciclismo.**

Escriba las letras correctas para cada número.

Ejemplo: **1 d, g**

1 Delia
2 José
3 Sofía
4 Miguel
5 Andrés

a

b

c

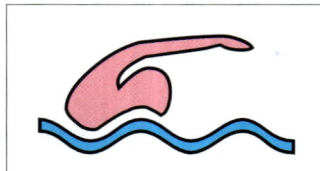

d

e

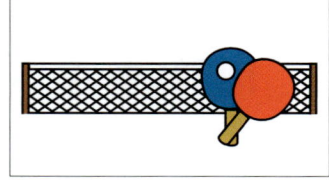

f

g

h

i

(8 puntos)

Salud y forma

Ejercicio S* / W* **Hable / Escriba**

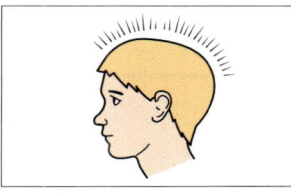 Pregunta:  ¿Qué le pasa?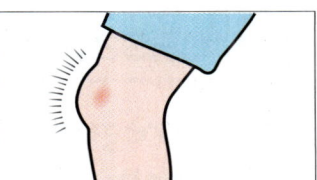

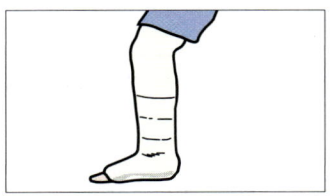  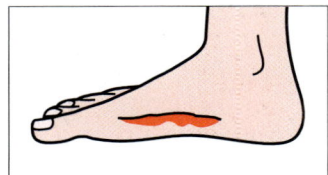

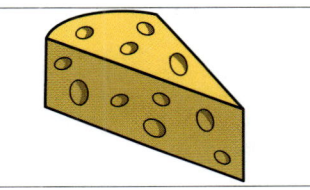 Pregunta: Para mantenerse en forma . . . ¿Qué bebe usted? ¿Qué come usted?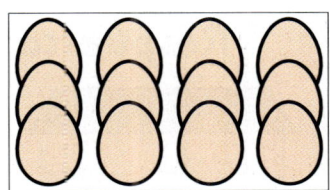

 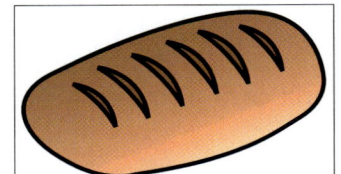

Pregunta: Para mantenerse en forma . . . ¿Qué hace usted?

  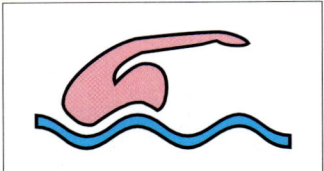 

¡HABLE! ¡ESCRIBA! ¡PREPARE UN CASETE! ¡PREPARE UN PÓSTER!

8 En casa

En casa: *Mi casa*

Pregunta: ¿Dónde vives?
Respuesta: Vivo en . . .

Manchester	Birmingham	London	Edinburgh

Pregunta: ¿Cómo es tu casa?
Respuesta: Es . . .

  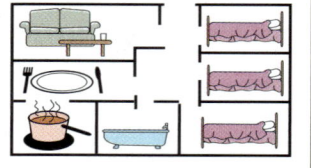 

una casa grande   una casa pequeña   un piso grande   un piso pequeño

Pregunta: ¿Cuántas habitaciones hay en tu casa?
Respuesta: Hay . . . habitaciones.

3	4	5	6

tres   cuatro   cinco   seis

Pregunta: ¿Qué habitaciones hay?
Respuesta: Hay . . .

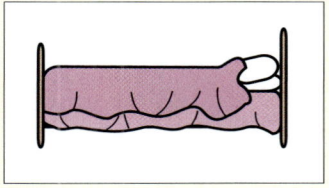
un dormitorio

una cocina

un salón

un cuarto de baño

un comedor

Pregunta: ¿Qué hay en las habitaciones?
Respuesta: Hay . . .

una lámpara

una ventana

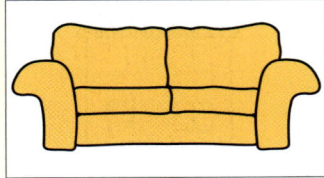
un sofá

a la izquierda

a la derecha

Pregunta: ¿Hay . . . un jardín?
Respuesta: Hay . . . / No hay . . .

un jardín

un balcón

una vista

un garaje

En casa: *Mi casa*

Ejercicio L1 Escucha

Escucha y escribe la letra correcta: *a*, *b* o *c*.

Ejemplo: **1 b**

Número 1
The boy is called . . .

Juan	Martín	Nicolás
a	b	c

Número 2
He lives in . . .

Soria	Pamplona	Lérida
a	b	c

Número 3
He lives in a . . .

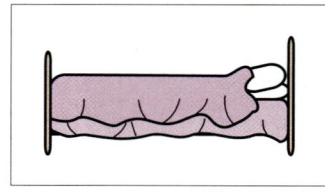  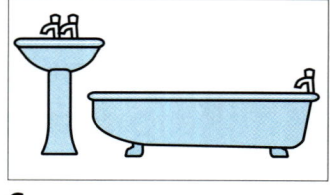

a   b   c

Número 4
The number of rooms is . . .

6	5	4
a	b	c

Se continúa. Números 5 y 6

Número 5
Hay dos . . .

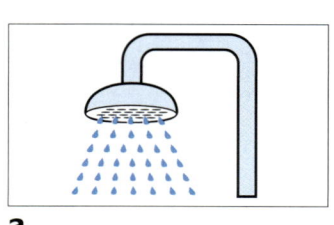  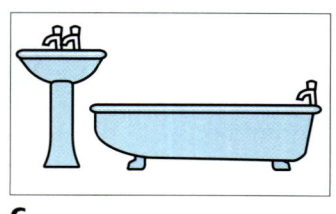

a   b   c

Número 6
Hay . . .

a   b   c

(5 puntos)

En casa: *Mi casa*

Ejercicio R1 Lee

Lee y escribe la letra correcta: *a*, *b* o *c*.

Ejemplo: 1 c

1 La cocina

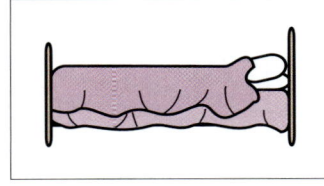
a

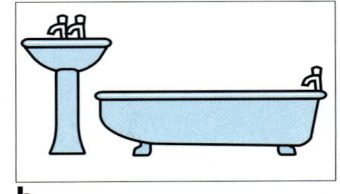
b

c

2 El salón

a

b

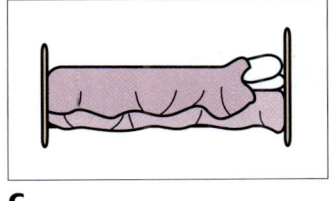
c

3 El dormitorio

a

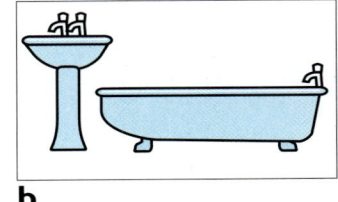
b

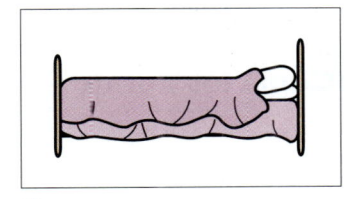
c

4 El cuarto de baño

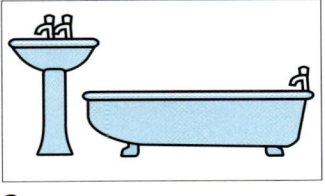
a

b

c

5 El comedor

a

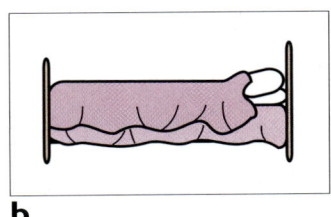
b

c

(4 puntos)

En casa: *Mi casa*

Ejercicio W1 Escribe

Plano de la casa.

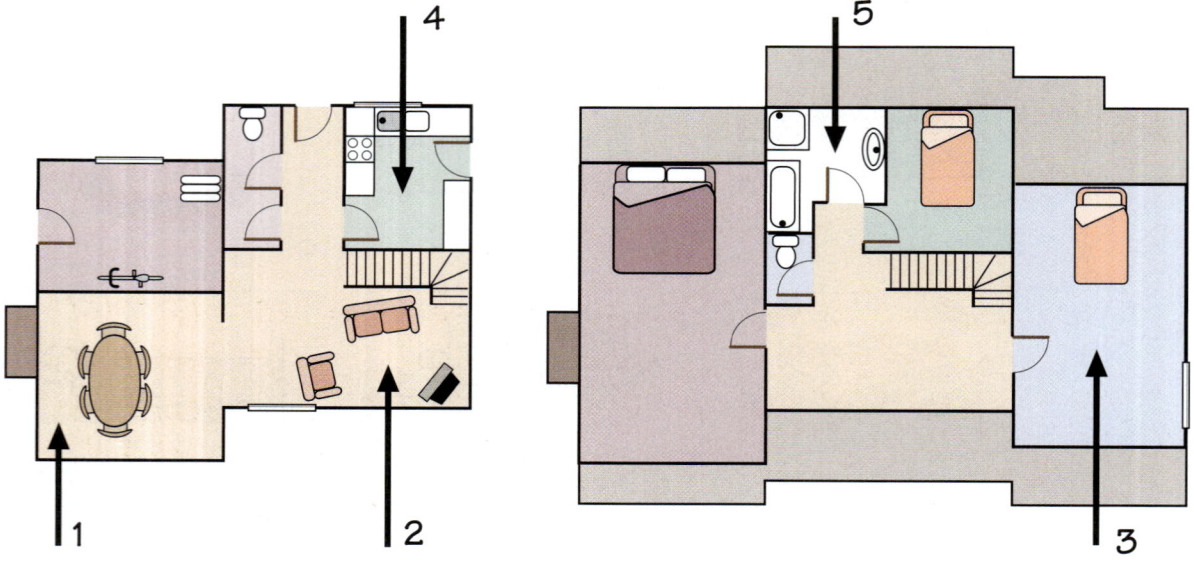

Copia los nombres de las cinco habitaciones.

  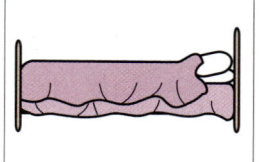  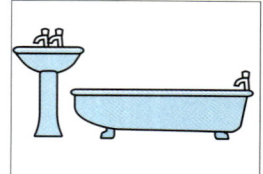

Ejemplo:
1 comedor
   comedor

2 salón

3 dormitorio

4 cocina

5 cuarto de baño

Ejercicio W2 Escribe

El salón.

Describe el salón. Escribe cuatro frases.

Ejemplo: Hay una lámpara.   **(4 puntos)**

En casa: *Actividades*

Pregunta: **¿A qué hora te levantas?**
Respuesta: **Me levanto a las . . .**

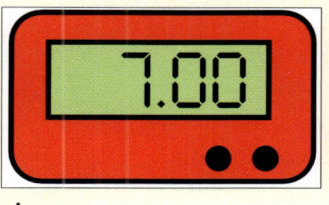

siete

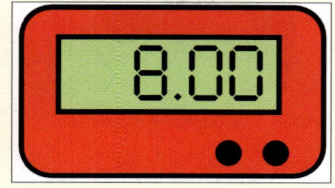

ocho

Pregunta: **¿A qué hora desayunas / almuerzas / cenas?**

Desayuno

Ceno

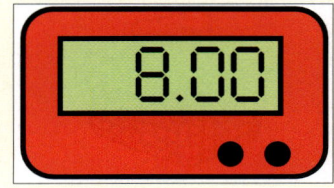

a las ocho

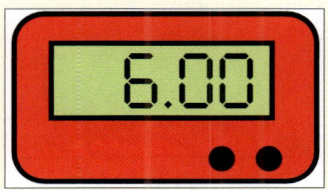

a las seis

Pregunta: **¿Qué haces después?**

Me lavo

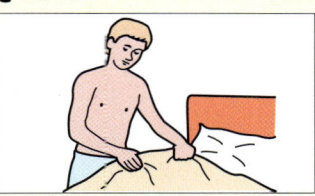

Hago mi cama

Pregunta: **¿Qué haces por la tarde?**
Respuesta: **. . .**

Juego con el
ordenador

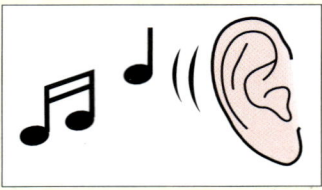

Escucho música

Leo

Pregunta: **¿Qué haces para ayudar?**
Respuesta: **. . .**

Friego los platos

Hago las compras

Lavo el coche

En casa: *Mi casa / Actividades*

Ejercicio R2 Lee

Lee la carta.

Escribe la letra correcta: *a, b* o *c*.

Ejemplo: **1** *a*

> Querida Julia,
>   Vivo en Bilbao. Vivo en un piso con dos dormitorios, un salón, un cuarto de baño y una cocina.
>   Mis padres y yo desayunamos a las siete. Por la tarde me gusta escuchar música en mi habitación.
>   Para ayudar a mis padres friego los platos.
>   ¿Cómo es en tu casa?
>   Victoria

1 Victoria vive en . . .

Bilbao	Madrid	León
a	b	c

2 El piso de Victoria . . .

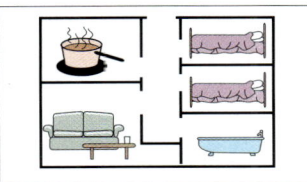 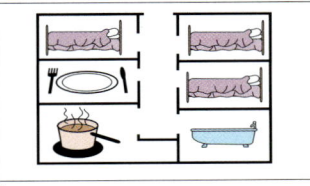

a b c

3 Victoria desayuna a las . . .

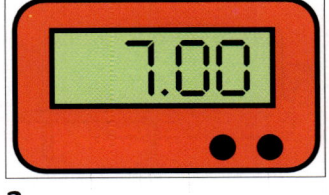 

a b c

4 A Victoria le gusta . . .

 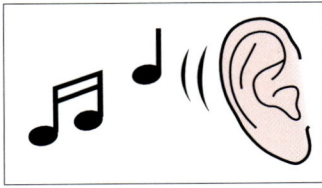 

a b c

5 Para ayudar . . .

a b c

(4 puntos)

121

Ejercicio S1 **Habla**

1 Pregunta: ¿A qué hora te levantas?

Ejemplos:

 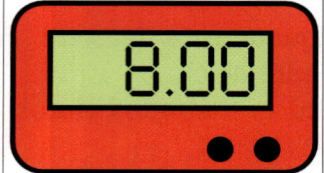 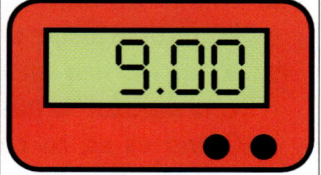

2 Pregunta: ¿Qué haces después?

Ejemplos:

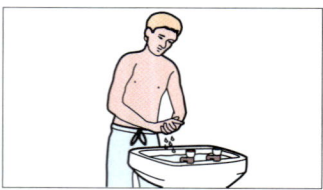  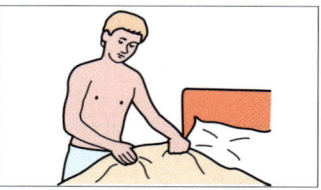

3 Pregunta: ¿Dónde desayunas?

Ejemplos:

En casa: *Mi casa / Actividades*

Ejercicio S2 Habla

1 Pregunta: ¿Dónde vives?

Ejemplos:

Bristol	**London**	**Sheffield**	**Liverpool**

2 Pregunta: ¿Cómo es tu casa?

Ejemplos:

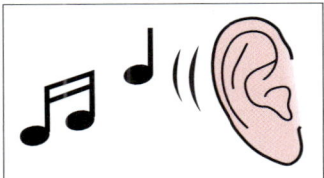  

3 Pregunta: ¿Qué haces por la tarde?

Ejemplos:

4 Pregunta: ¿Qué haces para ayudar?

Ejemplos:

9 Mi familia y yo

Mi familia y yo: *Yo*

Pregunta: **¿Cómo te llamas?**
Respuesta: **Me llamo . . .**

Hannah	**Jason**	**Michael**

Pregunta: **¿Cuántos años tienes?**
Respuesta: **Tengo . . .**

14	**15**	**16**
catorce años	quince años	dieciséis años

Pregunta: **¿Cuándo es tu cumpleaños?**
Respuesta: **Es el . . .**

1 January	**2 February**	**3 March**
primero de enero	dos de febrero	tres de marzo

Pregunta: **¿Cuánto dinero de bolsillo recibes por semana?**

Respuesta: **Recibo . . .**

£2	**£5**	**£10**
dos libras	cinco libras	diez libras

Pregunta: **¿De qué nacionalidad eres?**

Respuesta: **Soy . . .**

inglés/inglesa

español(a)

alemán/alemana

suizo/a

Pregunta: **¿Dónde vives?**

Respuesta: **Vivo (en) . . .**

Leicester	**Oxford**	**Plymouth**	
			cerca de Nottingham

Mi familia y yo: Yo

Ejercicio L1 Escucha

Escucha y escribe V (verdadero) o F (falso).

Ejemplo: **1 V**

Número 1 Se llama Sara.
Número 2 Sara es inglesa.
Número 3 Vive en Málaga.

Se continúa. Números 4, 5 y 6.
Número 4 Tiene 15 años.
Número 5 Su cumpleaños es en febrero.
Número 6 Dinero de bolsillo: dos euros.

(5 puntos)

Ejercicio S1 Habla

1 Pregunta: ¿Cómo te llamas?

Ejemplos: *Graham*   *Raita*

2 Pregunta: ¿Cuántos años tienes?

Ejemplos: *15*   *16*

3 Pregunta: ¿Cuándo es tu cumpleaños?

Ejemplos: *el 27 de abril*   *el dos de septiembre*

4 Pregunta: ¿Cuánto dinero de bolsillo recibes por semana?

Ejemplos: *£5*   *£15*

Mi familia y yo: *Mi familia*

Pregunta: **¿Tienes hermanos?**
Respuesta: **Tengo . . .**

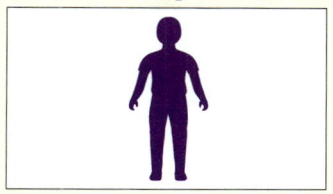

un hermano

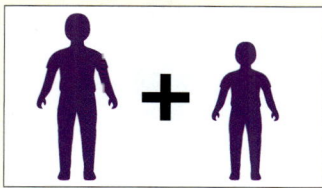

dos hermanos

una hermana

tres hermanas

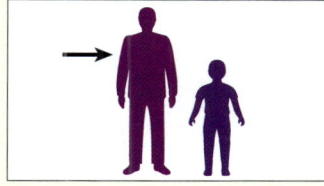

mi padre

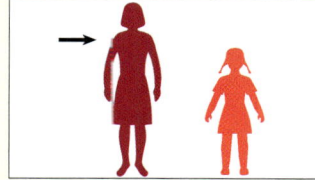

mi madre

abuelo

abuela

friend

amigo/a

cousin

primo/a

Pregunta: **¿Tienes animales?**
Respuesta: **Tengo . . .**

un gato

un perro

un conejo

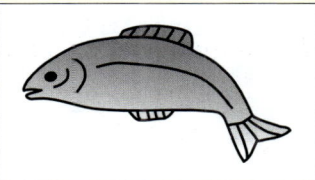

un pez

un pájaro

un hamster

Pregunta: **Descríbete / Describe a tu**
padre / tu hermana / tu amigo / tu gato, etc.
Respuesta: **Soy . . . / Es . . .**

grande

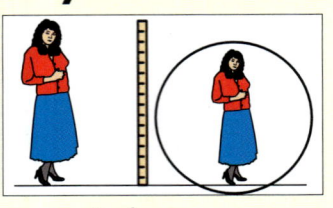
pequeño/a

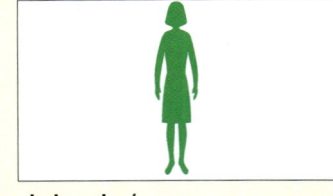
gordo/a

delgado/a

deportivo/a

estupendo/a

Respuesta: **Me llamo . . . / Se llama . . .**

James	Oscar	Hannah

Pregunta: **¿Tienes hermanos / animales?**
Respuesta: **No tengo . . .**

hermanos

hermanas

animales

Pregunta: Describe a tu padre / tu hermana / tu amigo / tu gato, etc.
Respuesta: Tengo . . . / Tiene . . .

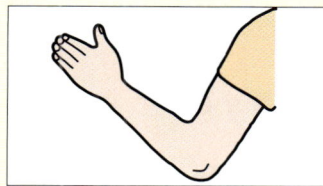
el brazo

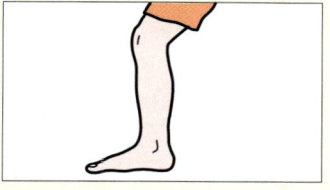
la pierna

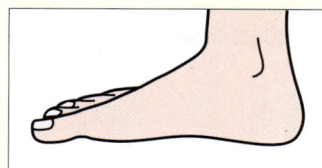
el pie

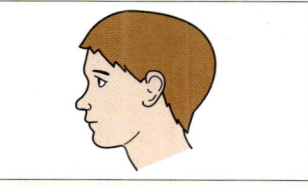
la cabeza

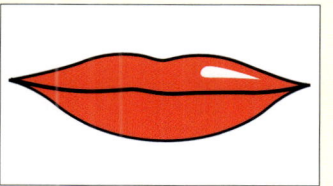
la boca

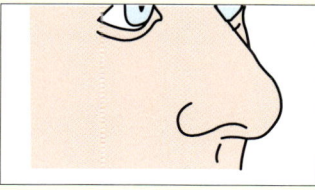
la nariz

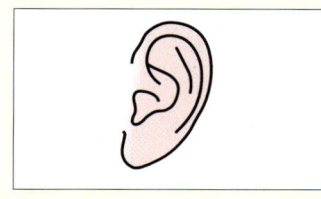
la oreja

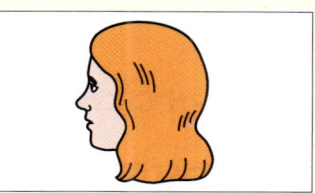
el pelo

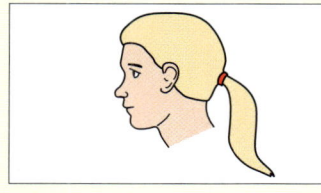
largo

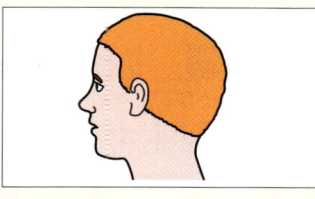
corto

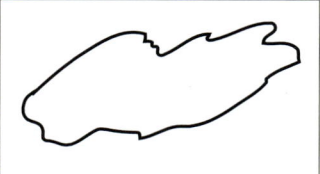
blanco

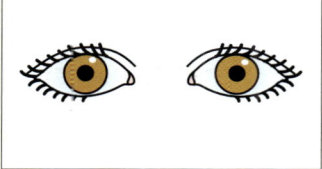
los ojos

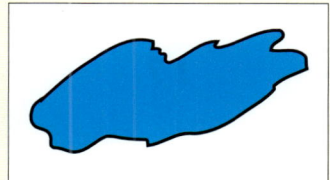
azules

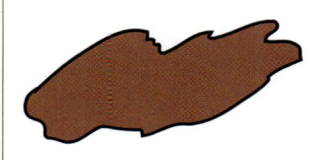
morenos

negros

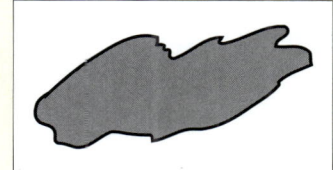
grises

Mi familia y yo: *Mi familia*

Ejercicio L2 Escucha

Escucha y escribe V (verdadero) o F (falso).

Ejemplo: **1 V**

Número 1 Se llama Oli.
Número 2 Vive con su padre.
Número 3 Es grande.

Se continúa. Números 4, 5 y 6.
Número 4 Tiene una hermana.
Número 5 Su hermana es pequeña.
Número 6 Tiene un pequeño gato negro.

(5 puntos)

Ejercicio R1 Lee

Lee y escribe la letra correcta: a, b o c.

Ejemplo: **1 c**

1 Soy suizo.

a

b

c

2 Tengo dieciséis años.

15
a

16
b

17
c

3 Mi hermana

a

b

c

4 Mi conejo

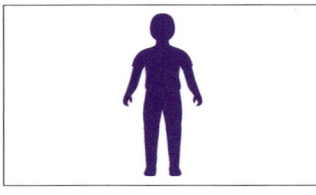
a

b

c

5 Mi dinero de bolsillo

17
a

b

c

(4 puntos)

Mi familia y yo: *Mi familia*

Ejercicio R2 Lee

Lee la carta.

Escribe la letra correcta:
a, *b* o c.

Ejemplo: I a

> ¡Hola!
> Me llamo Javier.
> Tengo una hermana y dos hermanos.
> Tengo un pez también.
> Mi madre, Irena, es delgada.
> Mi padre, Juan, tiene el pelo largo.

I Se llama . . .

Javier	**Pedro**	**Andrés**
a	b	c

2 La familia de Javier . . .

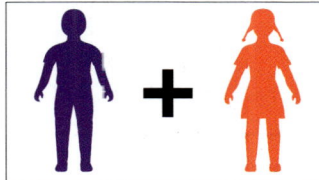 

| a | b | c |

3 Su animal . . .

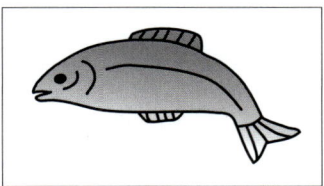 

| a | b | c |

4 Su madre . . .

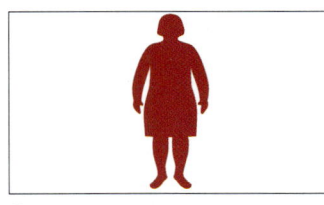  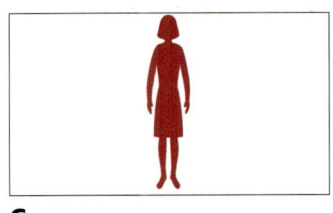

| a | b | c |

5 Su padre . . .

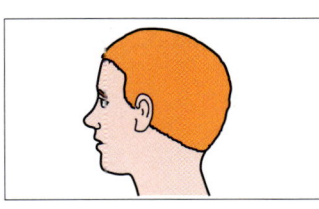 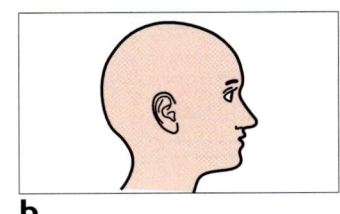 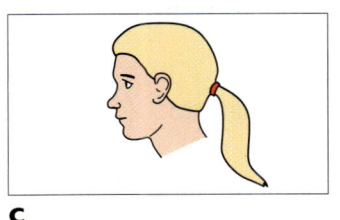

| a | b | c |

(4 puntos)

Mi familia y yo: *Mi familia*

Ejercicio S2 Habla

1 Pregunta: ¿Cómo te llamas?

Ejemplos:

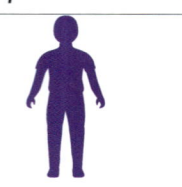 **David**   **Asha**   **Sarah**   **Alistair**

2 Pregunta: ¿Tienes hermanos?

Ejemplos:

 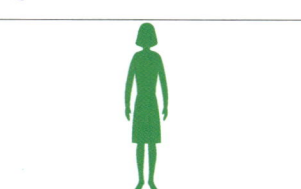  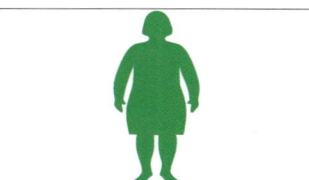

3 Pregunta: Describe a una persona – tu padre / un(a) amigo/a etc.

Ejemplos: Es . . .

Ejemplos: Tiene. . .

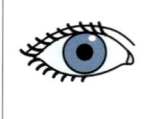 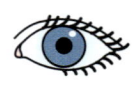  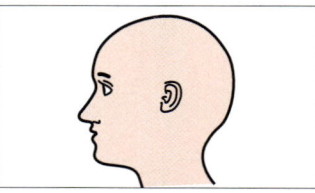 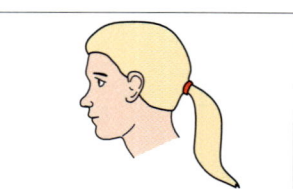

4 Pregunta: Describe a un animal.

Ejemplos: Mi perro / gato es . . .

  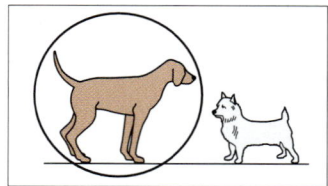 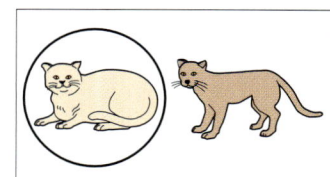

Mi familia y yo: *Mi familia*

Ejercicio W1 Escribe

Copia las palabras.

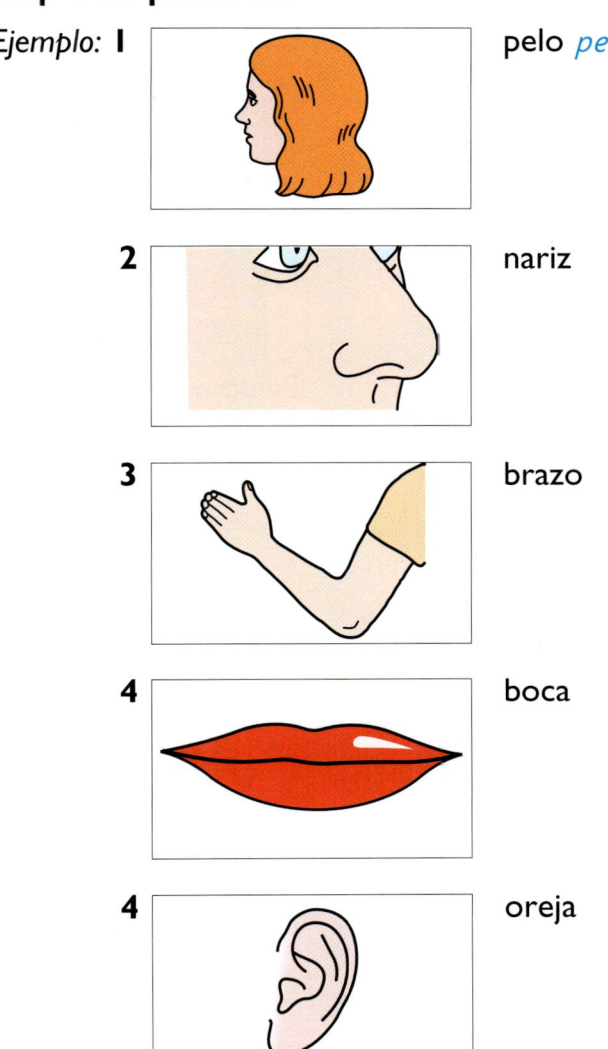

Ejemplo: **1** pelo *pelo*

2 nariz

3 brazo

4 boca

4 oreja

Ejercicio W2 Escribe

Describe a una persona. Escribe cuatro frases.

Ejemplo: Mi primo es grande.

(4 puntos)

10 El trabajo

El trabajo: *Trabajo . . .*

Pregunta: **¿Tienes trabajo?**
Respuesta: **No trabajo / Sí, . . .**

No trabajo

Lavo coches

Entrego periódicos

Cuido niños

Pregunta: **¿Dónde trabajas?**
Respuesta: **En casa / En . . .**

una tienda

un restaurante

una cafetería

un supermercado

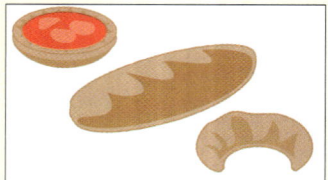

una panadería

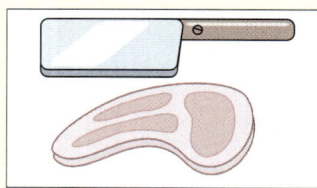

una carnicería

una tienda de ropa

una peluquería

el centro de la ciudad

en casa

un hospital

una oficina

El trabajo: *Trabajo . . .*

Ejercicio L1 **Escuche**

Escuche y escriba la letra correcta para cada número.

Ejemplo: **1 a**

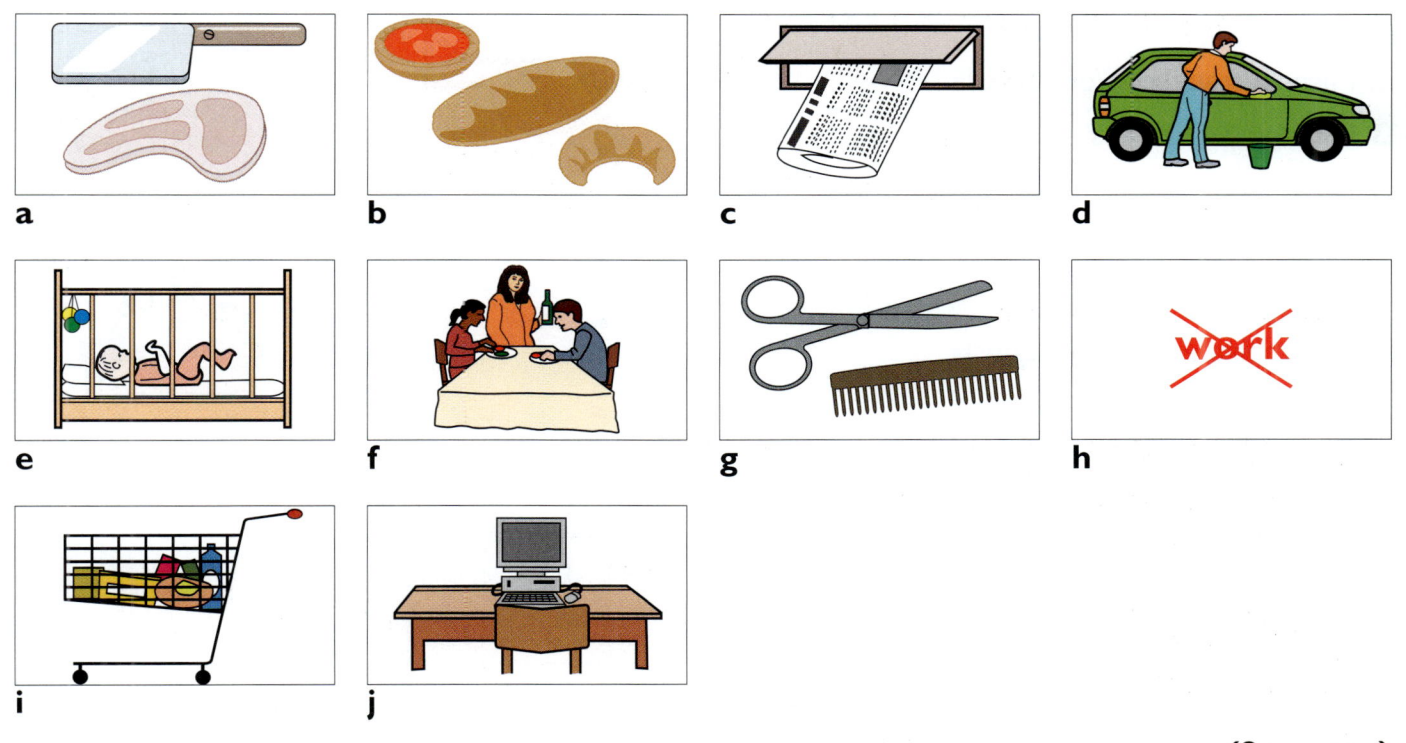

a

b

c

d

e

f

g

h

i

j

(8 puntos)

El trabajo: *Empleos*

Ejercicio R1 Lea

Lea y escriba las letras correctas.

Ejemplo: **1 d**

1 Trabajo en un restaurante.

2 Micaela trabaja en una tienda.

3 Entrego periódicos.

4 Lavo el coche.

5 Martín trabaja en una panadería.

6 Susana no trabaja.

7 Oli trabaja en una peluquería.

8 Yo cuido niños.

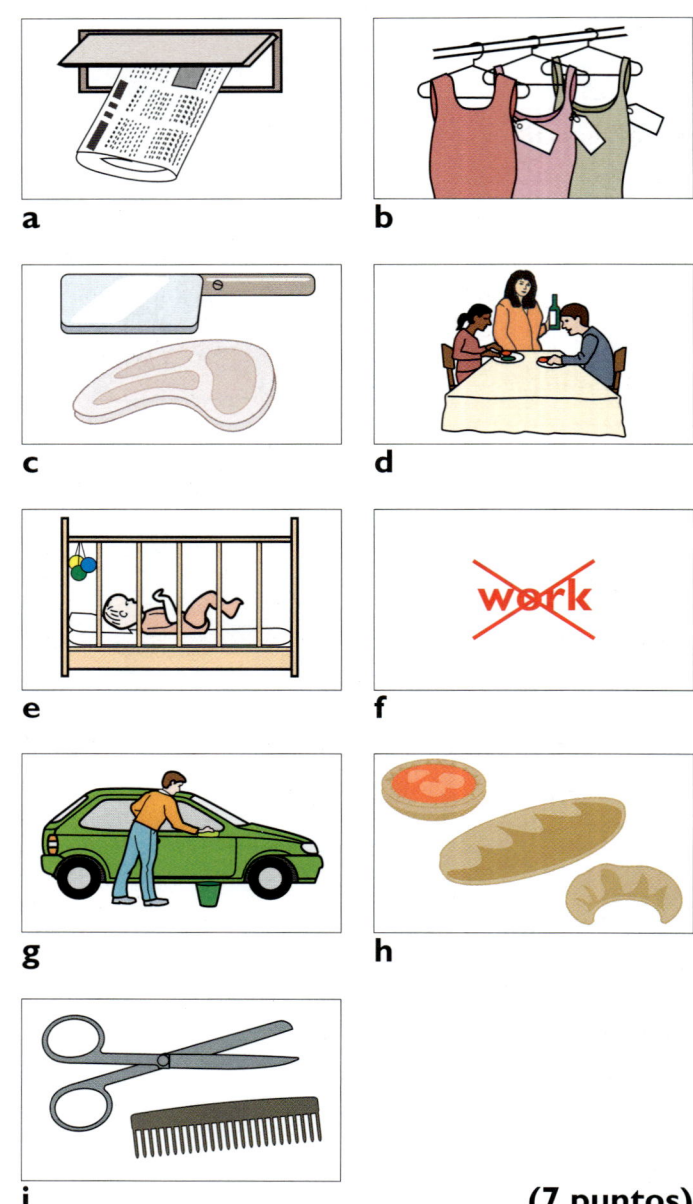

a

b

c

d

e

f

g

h

i

(7 puntos)

El trabajo: *Empleos*

Pregunta: **¿Trabaja tu madre / tu padre / tu hermana?**
Respuesta: **No trabaja / Sí, es . . .**

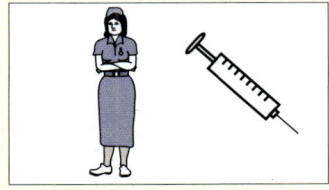
enfermero/a

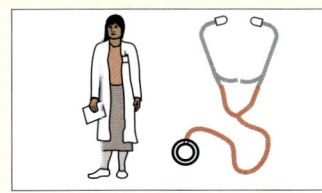
médico

cartero/a

secretario/a

profesor(a)

estudiante

peluquero/a

policía

mecánico/a

conductor(a) de taxi

tendero/a

cajero/a

Pregunta: **¿Dónde trabaja?**
Respuesta: **En . . .**

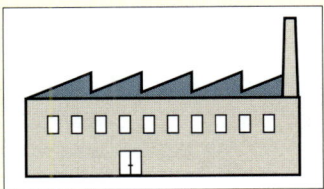
una fábrica

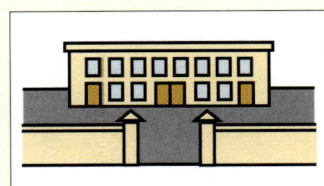
un colegio

una oficina

un hospital

Mira también la página 134.

El trabajo: *Empleos*

Ejercicio L2 Escucha

Marisa habla del trabajo. Escucha y escribe la letra correcta: *a*, *b* o *c*.   *Ejemplo: 1 a*

Número 1
Vive en . . .

a **Sevilla** b **Soria** c **Salamanca**

Número 2
Trabaja en . . .

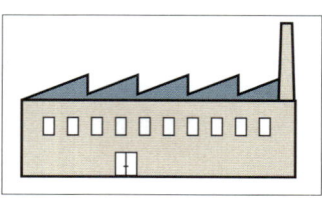
a b c

Número 3
Su madre . . .

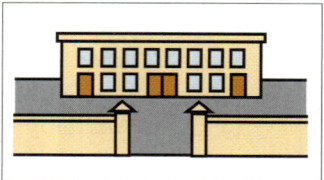
a b c

Número 4
Su padre . . .

a b  c

Se continúa.
Número 5
Su hermano . . .

a  b 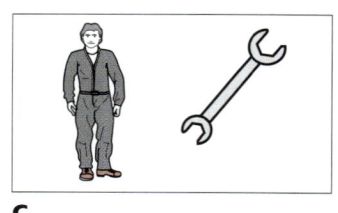 c

Número 6
Su hermana . . .

a  b  c

Número 7
Su tía Alicia . . .

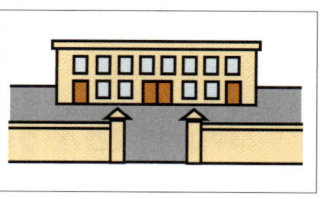
a  b  c

(6 puntos)

138

El trabajo: *Empleos*

Ejercicio R2 Lee

Lee la carta de Martín.

Escribe la letra correcta: *a*, *b* o *c*.

> Querido Antonio,
>
> No, no trabajo.
>
> Mi padre trabaja; es cartero. Y mi madre trabaja en una fábrica.
>
> Mi hermano, Lucas, tiene 15 años; es estudiante, pero mi hermana, Andrea, trabaja en una tienda grande en el centro de la ciudad.
>
> Mi tío también trabaja en la ciudad – es conductor de taxi.

Ejemplo: **1 b**

1 Martín . . .

a

b

c

2 Su padre es . . .

a

b

c

3 Su madre . . .

a

b

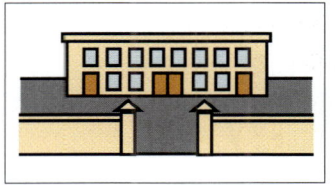
c

4 Su hermano Lucas . . .

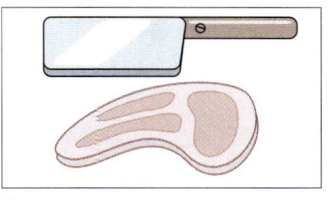
a

b

c

5 Su hermana Andrea . . .

a

b

c

6 Su tío . . .

a

b

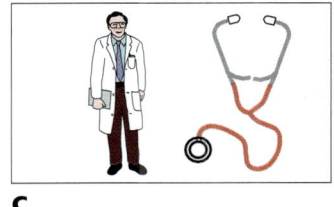
c

(5 puntos)

El trabajo: *Empleos*

Ejercicio S1   Habla

Contesta.

1 Pregunta: ¿Tienes trabajo?

    Ejemplos: *Sí, lavo coches.*

                      No, no trabajo.

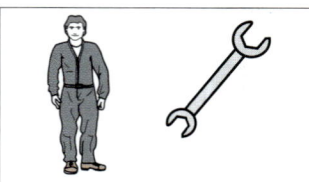

2 Pregunta: ¿Trabaja tu padre / tu madre?

    Ejemplos: *No, no trabaja.*

                      Sí, es . . .

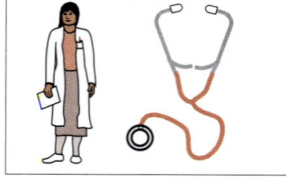

3 Preguntas: ¿Dónde trabajas?

                 ¿Dónde trabaja tu padre / tu madre?

    Ejemplo: *En . . .*

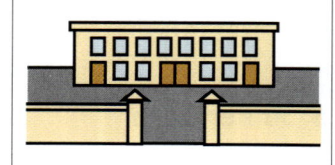

Rosita

El trabajo: *Empleos*

Ejercicio W1 Escribe

Copia los seis empleos.

Ejemplo: **1**  mecánico
mecánico

4  secretaria

2  profesor

5  cartero

3  policía

6 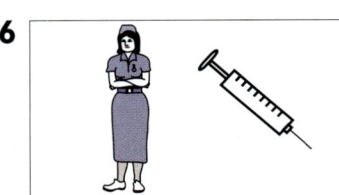 enfermera

Ejercicio W2 Escribe

Escribe dónde trabaja cada persona.

Ejemplo: **1** *en el centro de la ciudad*

1

2

3

4

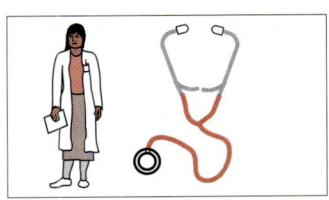

5

6

(5 puntos)

El trabajo: *Días y horas*

Pregunta: **¿Cuántas horas trabajas?**
Respuesta: **Trabajo . . .**

6 hours	**20 hours**	**6 hours a day**	**20 hours a week**
seis horas	veinte horas	seis horas por día	veinte horas por semana

Pregunta: **¿Cuándo trabajas?**
Respuesta: **Trabajo . . .**

Mondays	**Wednesdays**	**Thursdays**	**Saturday mornings**
los lunes	los miércoles	los jueves	los sábados por la mañana

Friday afternoons	**Sunday evenings**	**every day**	**from 8 to 5**
los viernes por la tarde	los domingos por la tarde	todos los días	de las ocho a las cinco

Pregunta: **¿A qué hora . . . empiezas / empieza el cartero?**
Respuesta: **Empiezo a (las) . . . / El cartero empieza a las . . .**

ocho	ocho y media	nueve	mediodía

Pregunta: **¿A qué hora . . . terminas / termina el cartero?**
Respuesta: **Termino a (las) . . . / El cartero termina a las . . .**

   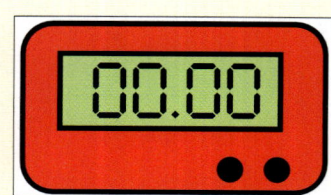

tres y media	cuatro	cinco	medianoche

142

El trabajo: *Días y horas*

Ejercicio R3 * Lea

Lea y escriba la letra correcta para cada número.

Ejemplo: **I d**

> **Trabajo en un restaurante los sábados y los domingos.**

> **Miguel trabaja en una tienda los jueves y los viernes.**

> **Mi hermano entrega periódicos todos los días.**

> **Lavo coches los domingos por la tarde.**

> **Los sábados por la mañana Martín trabaja en una carnicería.**

> **Sally trabaja en una peluquería todos los miércoles.**

> **Los viernes por la tarde mi hermana cuida niños.**

> **Yo trabajo en una panadería los martes.**

I sábado y domingo

2 martes

3 viernes por la tarde

4 miércoles

5 todos los días

6 domingo por la tarde

7 jueves y viernes

8 sábado por la mañana

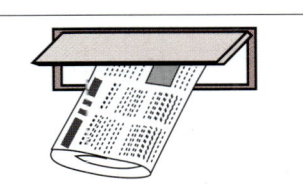
a

b

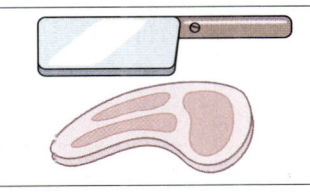
c

d

e

f

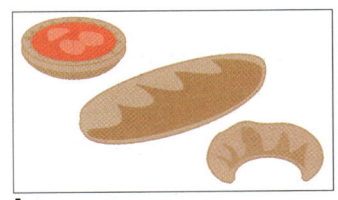
g

h

i

(7 puntos)

143

El trabajo: *Días y horas*

Ejercicio S2 **Habla**

Contesta.

6 hours

1 Pregunta: ¿Cuántas horas trabajas?

Ejemplo: *Trabajo . . .*

4 hours a day

20 hours

Tuesday

Thursday and Friday

Monday

2 Pregunta: ¿Cuándo trabajas?

Ejemplo: *Trabajo . . .*

Sunday evening

Saturday morning

Wednesday afternoon

3 Pregunta: ¿A qué hora empiezas / terminas?

Ejemplo: *Empiezo a las . . . / Termino a las . . .*

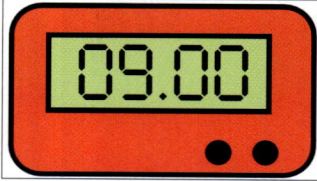 

144

El trabajo: *Dinero*

Pregunta: **¿Cuánto ganas?**
Respuesta: **Gano . . .**

Pregunta: **¿Recibes dinero de bolsillo?**
Respuesta: **Recibo . . .**

£5	**£10**	**€4**	**€10**
cinco libras	diez libras	cuatro euros	diez euros

£4 an hour	**€8 a day**	**£20 a week**
cuatro libras por hora	ocho euros al día	veinte libras a la semana

El trabajo: *Dinero*

Ejercicio L3 Escuche

Escuche y escriba la letra correcta para cada número.

Ejemplo: 1 d

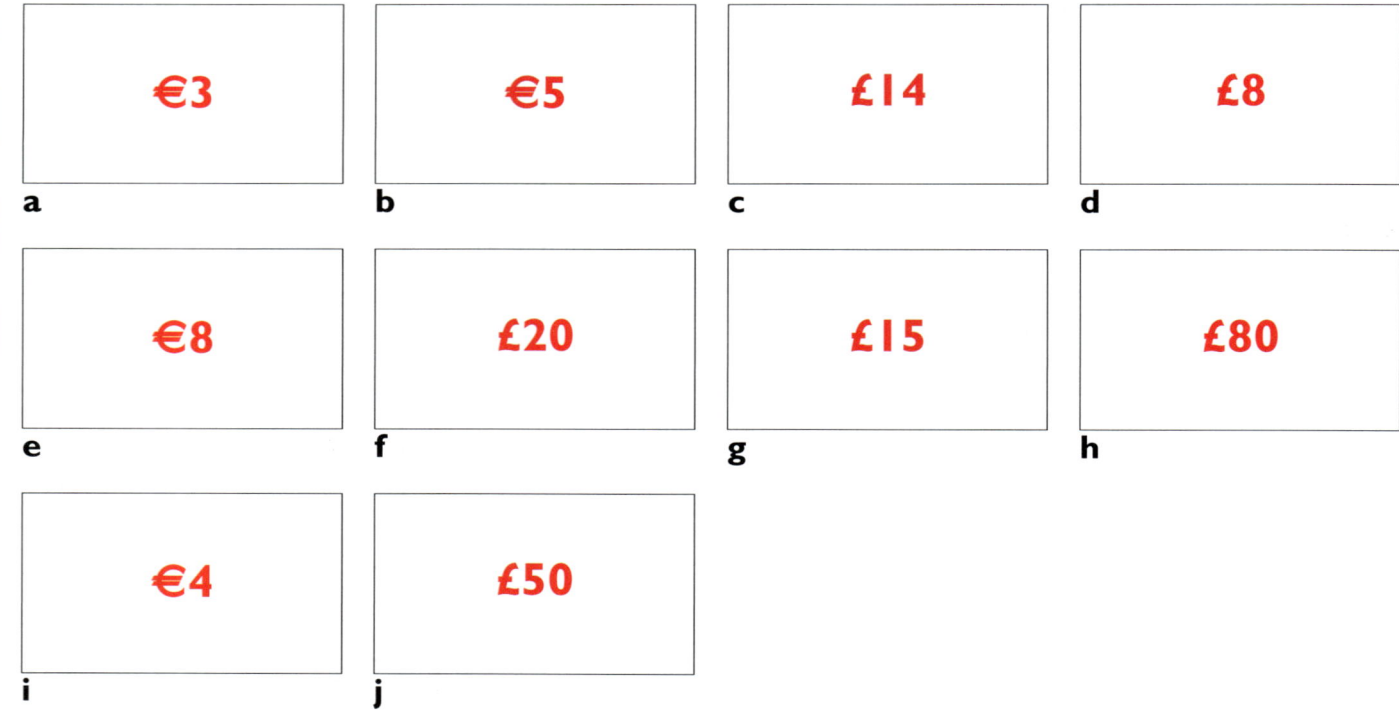

€3	€5	£14	£8
a	b	c	d
€8	£20	£15	£80
e	f	g	h
€4	£50		
i	j		

(8 puntos)

El trabajo: *Dinero*

Ejercicio R4 Lea

Lea y escriba la letra correcta para cada número.

Ejemplo: **1 d**

1 Pedro gana veinte libras.

2 Gabriela gana dos euros.

3 Juan gana catorce libras.

4 Natalia gana ocho euros.

5 Sofía gana tres euros.

6 Miguel gana sesenta libras.

7 Diego gana quince euros.

a €2

b €3

c £30

d £20

e £60

f £14

g €15

h €8

(6 puntos)

Ejercicio S3 Habla

Contesta.

8 libras

Preguntas: ¿Cuánto ganas?
¿Cuánto dinero de bolsillo recibes?

Ejemplos: *Gano . . . Recibo . . .*

38 libras

4 euros

6 euros

El trabajo: *Opiniones*

Pregunta: ¿Te gusta el trabajo? ¿Por qué?
Respuesta: Me gusta . . . Es . . .

estupendo

bueno

interesting

interesante

Ejemplo: No me gusta . . . Es . . .

fatal

aburrido

El trabajo: *Horas, dinero y opiniones*

Ejercicio L4 Escucha

Alicia y su trabajo. Escucha y escribe la letra correcta: *a*, *b* o *c*.

Ejemplo: **1 b**

Número 1

| a | b | c |

Número 2

| **9** | **12** | **15** |
| a | b | c |

Número 3

| **sábado y domingo** | **sábado y martes** | **lunes y martes** |
| a | b | c |

Se continúa.
Número 4

| a | b | c |

Número 5

| **10** | **8** | **6** |
| a | b | c |

Número 6

| **€60** | **€80** | **€120** |
| a | b | c |

(5 puntos)

El trabajo: *Horas, dinero y opiniones*

Ejercicio R5 Lee

Lee la carta de Martín.

Escribe la letra correcta: *a, b* o *c*.

Ejemplo: 1 b

> Querido Alex,
>   Sí, mi hermana, Alicia, tiene trabajo. Trabaja en un restaurante y le gusta.
>   Trabaja los sábados y los domingos – hace diez horas en total.
>   Y gana ochenta euros. No está mal, ¿verdad?

1 La hermana de Martín se llama . . .

Anita

a

Alicia

b

Andrea

c

2 Alicia trabaja en . . .

a

b

c

3 A Alicia . . . su trabajo

a

b

c

4 Alicia trabaja . . .

6

a

10

b

12

c

5 Gana . . .

€40

a

€50

b

€80

c

(4 puntos)

El trabajo: *Dinero (de bolsillo)*

Pregunta: **¿Qué haces con el dinero que ganas?**
Respuesta: **Compro . . .**

ropa

revistas

maquillaje

pósters

caramelos

casetes

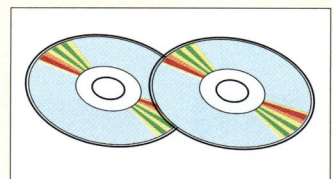
CDs

videojuegos

Respuesta: **Ahorro para comprar . . .**

una bici

un coche

un ordenador

un televisor

Respuesta: **Voy . . .**

de vacaciones

a conciertos de pop

al cine

a la discoteca

El trabajo: *Dinero (de bolsillo)*

*Ejercicio L5** Escuche

Escuche y escriba la letra correcta para cada número.

Ejemplo: **1** *i*

Número 1 Pedro

Número 2 Juan

Número 3 Natalia

Número 4 Sofía

Número 5 Mohammed

Número 6 Diego

Número 7 Helena

Número 8 Ahmed

a

b

c

d

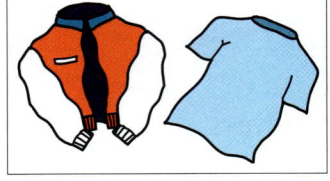

e

f

g

h

i

(7 puntos)

El trabajo: *Dinero (de bolsillo)*

*Ejercicio R6** Lea

Lea la carta de Sofía.

> Querido Luis,
>
> ¡Trabajo en una tienda! Trabajo siete horas al día pero gano sólo seis euros por hora.
>
> ¿Qué hago con el dinero? Pues, compro ropa y muchos caramelos. Los sábados voy a la discoteca y los miércoles voy al cine. Ah, . . . y también compro maquillaje y revistas.
>
> Pero ahorro dinero para comprar un ordenador y quizás una bici.
>
> Mil abrazos.
>
> Sofía

Escriba las letras de las OCHO (8) cosas mencionadas en la carta.

Ejemplo: **a**

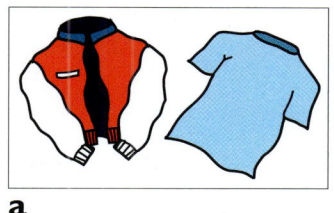

a

b

c

d

e

f

g

h

i

j

k

l

(7 puntos)

El trabajo

Ejercicio S* / W* **Habla / Escribe**

¿Tienes trabajo?

  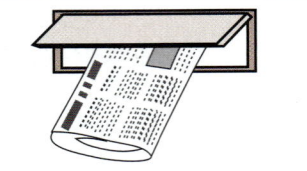

¿Dónde trabajas?

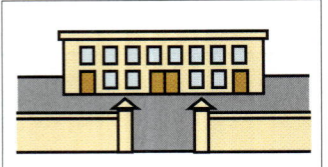  

¿Cuándo trabajas?

sábado	miércoles por la mañana	domingo por la tarde

¿Cuánto ganas?

£5	£10 al día	£40 a la semana

¿Cuánto dinero de bolsillo recibes?

£1 al día	£10 a la semana	£5 a la semana

¿Qué haces con el dinero?

11 Las comunicaciones

Las comunicaciones: *El correo*

Pregunta: ¿Sí, señor / señorita?
Respuesta: Quiero . . .

un sello

dos sellos

tres sellos

Pregunta: ¿Para una carta?
Respuesta: Para . . .

una carta

una postal

un paquete

Pregunta: ¿Para dónde?
Respuesta: Para . . .

Inglaterra

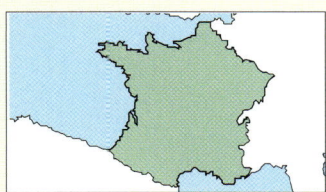
Francia

Italia

Alemania

España

Empleado/a: **Tenga.**
Pregunta:

¿Cuánto es?

Empleado/a: **¿Algo más?**
Pregunta:

¿Dónde está el buzón?

Empleado/a: **Gracias.**
Respuesta:

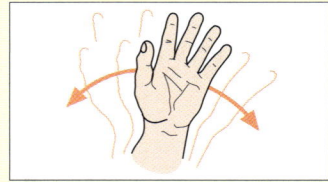

Adiós.

Las comunicaciones: *El correo*

Ejercicio S1 Habla

Contesta.

1 Pregunta: ¿Si, señor / señorita?

Ejemplos: *Quiero . . .*

2 Pregunta: ¿Para una postal?

Ejemplos: *Para . . .*

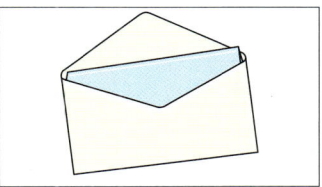  

3 Pregunta: ¿Para dónde?

Ejemplos: *Para . . .*

4 Empleado/a: Tenga.

Pregunta: . . .

5 Empleado/a: ¿Algo más?

Pregunta: . . .

6 Empleado/a: Gracias.

Respuesta: . . .

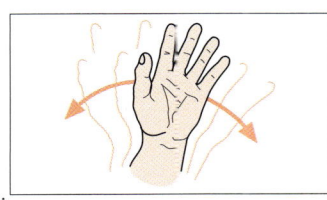

Las comunicaciones: ¡Diga!

Un mensaje . . .

Llego

Vuelvo

Nos vemos . . .

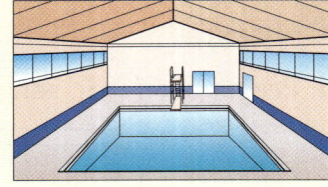
en la piscina

en la estación

en el ayuntamiento

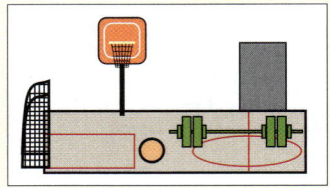
en el polideportivo

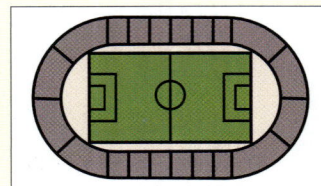
en el estadio

Monday	Tuesday	Wednesday	Thursday
lunes	martes	miércoles	jueves

Friday	Saturday	Sunday	
viernes	sábado	domingo	

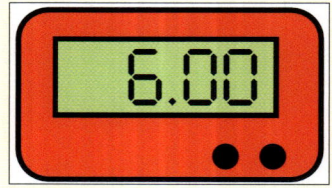
a las seis

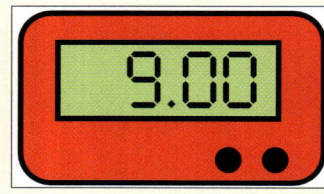
a las nueve

a las doce/a mediodía

Pregunta: **¿Cuál es tu número de teléfono?**
Respuesta: **Es el . . .**

03	05	11	15
cero tres	cero cinco	once	quince
28	35	79	82
veintiocho	treinta y cinco	setenta y nueve	ochenta y dos

Las comunicaciones: *¡Diga!*

Al teléfono: **¡Diga!**
Respuesta: **Quiero hablar con . . .**

Clara	**el señor Morales**	**la señora Pastor**	**la señorita Urgales**

Pregunta: **¿De parte de quién?**
Respuesta: **. . .**

De Donna	**Del señor Drax**	**De la señorita Elena**

Las comunicaciones: ¡Diga!

Ejercicio S2 Hable

Al teléfono

1   ¡Diga!

Ejemplos: Quiero hablar con . . .

Martina	**el señor Ramón**	**la señora Claros**	**la señorita Timbales**

2 Pregunta: ¿De parte de quién?

Ejemplos: . . .

De Carlos	**Del señor Solano**	**De la señora Loros**	**De la señorita Gómez**

Las comunicaciones: ¡Diga!

Ejercicio L1   Escucha

Al teléfono.
Escucha y escribe V (verdadero) o F (falso).

Ejemplo: **1 V**

Número 1 Llama Paulina.

Número 2 El mensaje es para Simón.

Número 3 Paulina ha enviado un paquete.

Número 4 Paulina dice gracias por el paquete.

Se continúa. Números 5, 6 y 7.

Número 5 Paulina vuelve el miércoles.

Número 6 Paulina vuelve a las 9.

Número 7 Su número es el 91 202 11 05.

(6 puntos)

Ejercicio R1   Lee

Mi número es el . . .
Escribe los números.

Ejemplo: **1 36**

1 treinta y seis

2 diez

3 once

4 veintiséis

5 sesenta

6 setenta y nueve

7 ochenta

8 ochenta y dos

(7 puntos)

Las comunicaciones: ¡Diga!

Ejercicio R2   Lea

Lea los mensajes.

Marisa ha telefoneado. Nos vemos en el polideportivo a las 7. **1**	Mensaje de Mamá: llega a la piscina a las 11. **2**	El Señor Puentes ha telefoneado: nos vemos a la 1 en la estación. **3**
Mensaje de Francisca: nos vemos a las 8 en la piscina. **4**	Bernardo vuelve al estadio a la 1. **5**	Simón ha telefoneado: llega a la estación a las 7. **6**

Mire los dibujos.

a

b

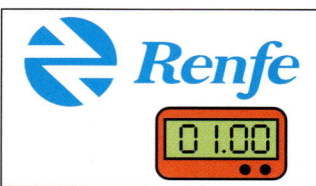

c

d

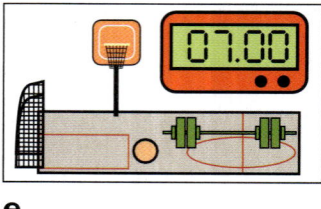

e

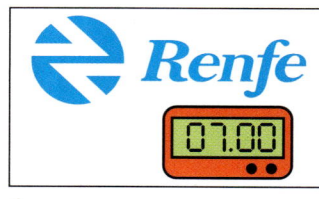

f

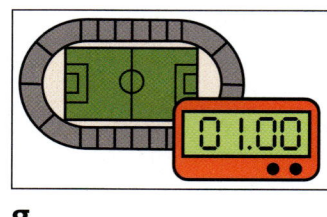

g

Escriba la letra correcta para cada número.

Ejemplo: 1 e

(5 puntos)

Las comunicaciones: *Los medios*

Pregunta: ¡Tienes . . . ?
Respuesta: Sí, tengo . . .

una radio

un ordenador

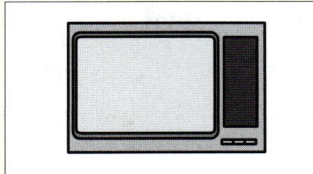

un televisor

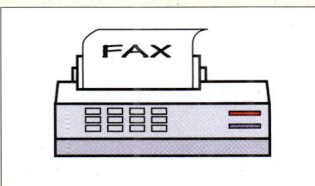

un fax

un estéreo

un walkman

un lector de CD

Pregunta: ¿Qué tipo de programa te gusta?
Respuesta: Me gustan . . .

los programas de deporte

los programas de música

las películas del oeste

los dibujos animados

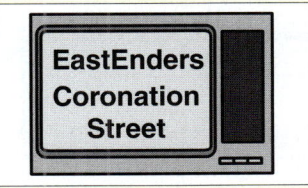

las telenovelas

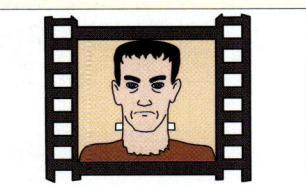

las películas de terror

Las comunicaciones: *Los medios*

Ejercicio R3 Lee

¿Tienes una radio en tu habitación?

Escribe las CUATRO (4) letras correctas.

Ejemplo: a

a ordenador
b fax
c estéreo
d teléfono
e televisor
f lector de CD

(3 puntos)

Las comunicaciones: *Los medios*

Ejercicio W1   Escribe

Copia las cinco palabras.

Ejemplo:

1 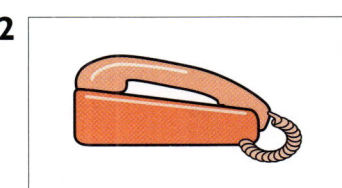   paquete *paquete*

2 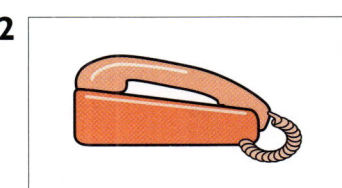   teléfono

3 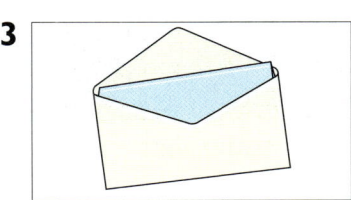   carta

4 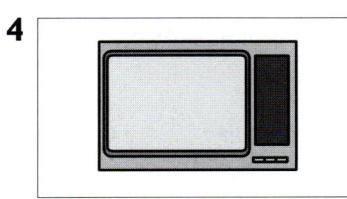   televisor

5    radio

Ejercicio W2   Escribe

Mira los dibujos. ¿Cuáles programas son? Escribe frases.

Ejemplo: **1** *Es un programa de deporte.*

1

2

3

4

5

(4 puntos)

12 Nuestro mundo

Nuestro mundo: *El planeta y el tiempo*

- **Diga algunas cosas que hay en la naturaleza.**
- **Hay . . .**

el planeta

el sol

el mar

las nubes

el desierto

la nieve

la lluvia

las montañas

el río

los peces

los pájaros

los árboles

Pregunta: **¿Qué tiempo hace?**
Respuesta: **. . .**

Llueve

Nieva

Hace calor

Hace frío

Hace sol

Hace viento

Hay niebla

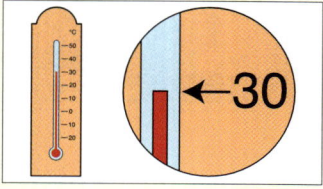
Hace treinta grados

Nuestro mundo: *El planeta y el tiempo*

Ejercicio L1 Escuche

Escuche y escriba la letra correcta para cada número.

Ejemplo: **1 e**

a

b

c

d

e

f

g

h

i

j

(8 puntos)

Nuestro mundo: *El planeta y el tiempo*

Ejercicio R1 **Lea**

Lea y escriba la letra correcta para cada número.

Ejemplo: **1 h**

1 los pájaros

2 la lluvia

3 la nieve

4 las nubes

5 el sol

6 las montañas

7 los árboles

8 el mar

9 los peces

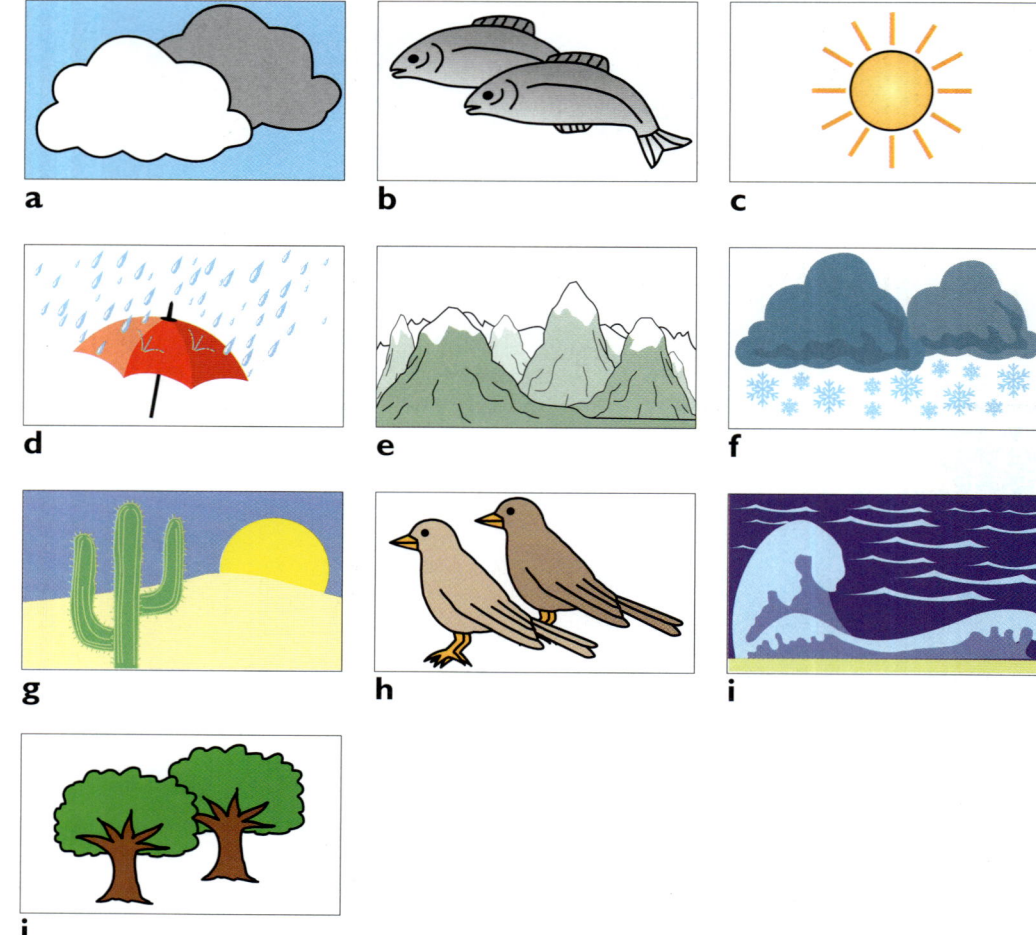

(8 puntos)

Nuestro mundo: *El tiempo*

Ejercicio S/W* Habla / Escribe
Pregunta: ¿Qué tiempo hace?

Hace . . .

En primavera

En verano

Hace . . .

Hace . . .

Hace . . .

(thermometer showing ←10)

Hace . . .

. . .

En invierno

(tree otoño)

En otoño

(person with umbrella in rain)

. . .

Hace . . .

Hay . . .

Nuestro mundo: *¡Conservar!*

- **Sugiera algunas ideas para la protección del medio ambiente.**

Utilizar los cubos de basura

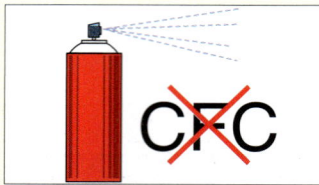

Utilizar productos sin CFC

Utilizar una calculadora solar

Utilizar transporte público

Utilizar gasolina sin plomo

Apagar las luces

Cerrar los grifos / Economizar agua

Compartir el coche

Ir en bici

Ir a pie

Plantar árboles

Proteger a los animales

Nuestro mundo: ¡Conservar!

Ejercicio L2 Escuche

Escuche y escriba la letra correcta para cada número.

Ejemplo: 1 f

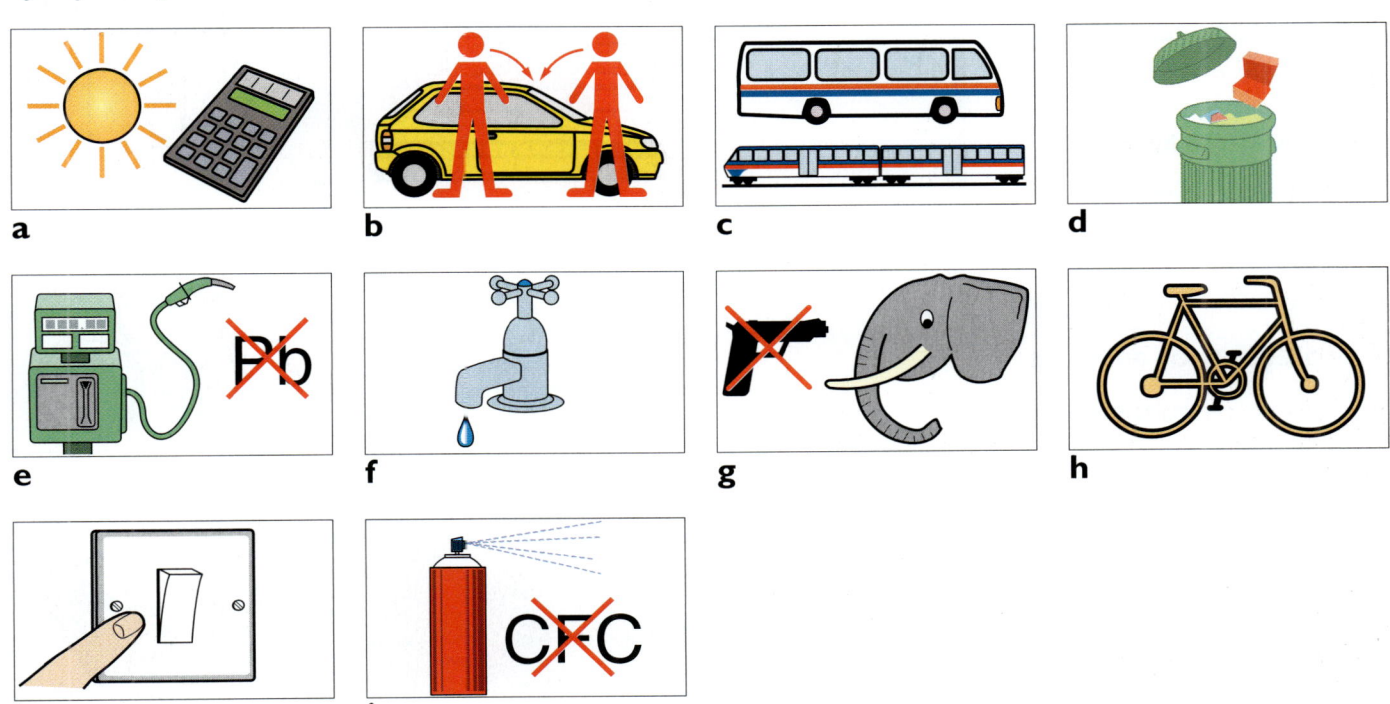

a   b   c   d

e   f   g   h

i   j

(8 puntos)

Nuestro mundo: ¡Conservar!

Ejercicio R2 Lea

Lea y escriba la letra correcta para cada número.

Ejemplo: **1 b**

1 Apagar las luces

2 Ir en bici

3 Economizar agua

4 Plantar árboles

5 Utilizar gasolina sin plomo

6 Ir a pie

7 Proteger a los animales

8 Utilizar los cubos de basura

9 Utilizar una calculadora solar

a   b

c   d

e   f

g   h

i   j

(8 puntos)

Nuestro mundo: *Conservo*

- ## Mis ideas para la protección del medio ambiente

Pongo la basura en los cubos

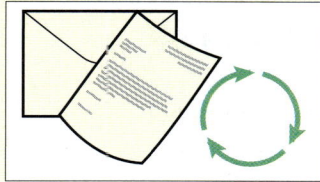

Compro papel reciclado

Reciclo las latas

Voy a la ciudad en bici

Me ducho para economizar agua

Nuestro mundo: *Conservo*

Ejercicio L3 Escuche

¿Qué hace usted para proteger el medio ambiente?
Escuche las entrevistas.
Escuche y escriba la letra correcta para cada número.

Ejemplo: **I b**

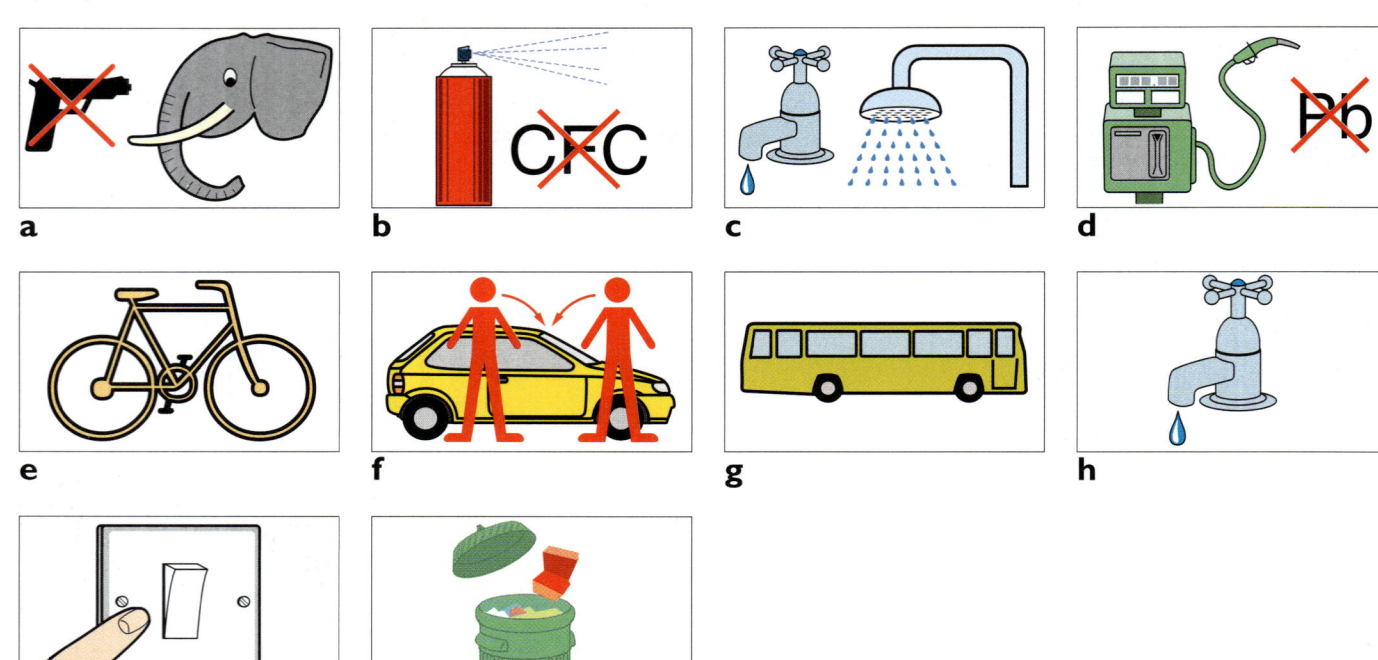

a   b   c   d

e   f   g   h

i   j

(7 puntos)

Nuestro mundo: *Conservo*

Ejercicio R3 Lea

Lea los resultados de la encuesta.
Escriba la letra correcta para cada número.

Ejemplo: **1 d**

1 90% utilizan los cubos de basura.

2 87% apagan las luces.

3 81% protegen a los animales.

4 77% se duchan para economizar agua.

5 65% utilizan transporte público.

6 52% reciclan las latas.

7 48% utilizan papel reciclado.

8 30% utilizan gasolina sin plomo.

9 15% van al trabajo a pie.

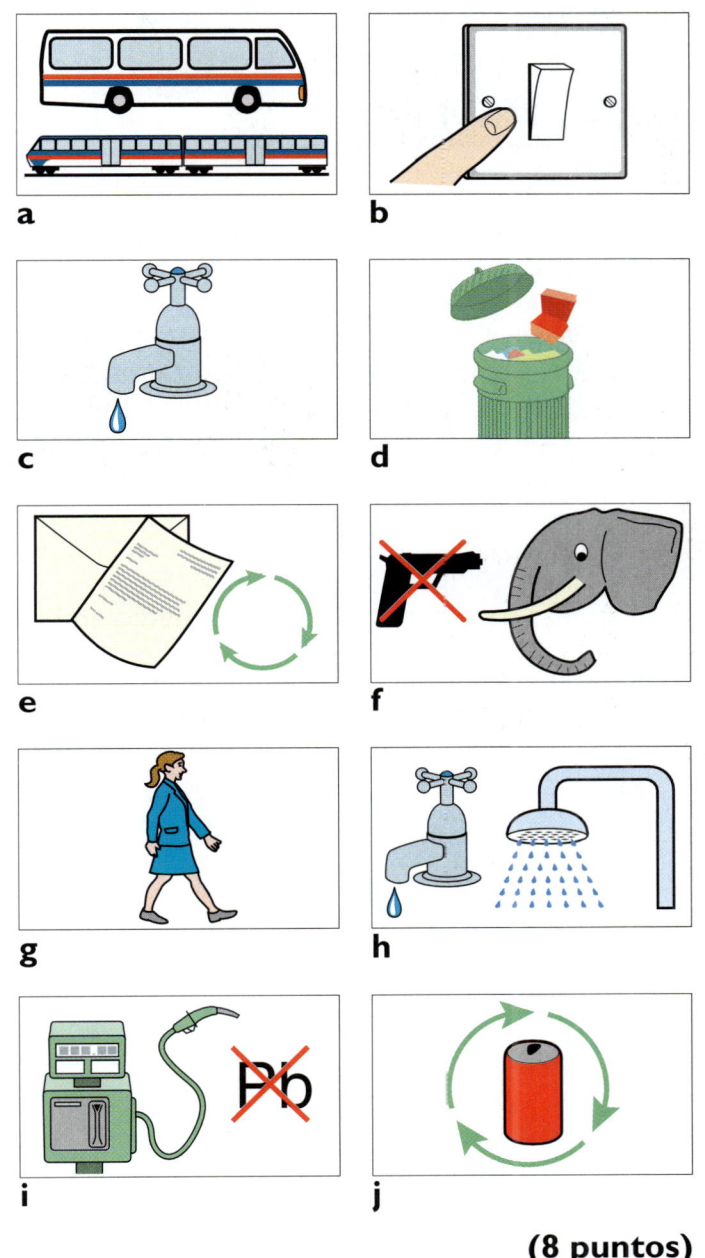

(8 puntos)

Nuestro mundo

Ejercicio S / W** **Hable o Escriba**

1 Cosas en la naturaleza.
   Hay . . .

2 Instrucciones para proteger el medio ambiente.

3 Mis ideas para la protección del medio ambiente.

 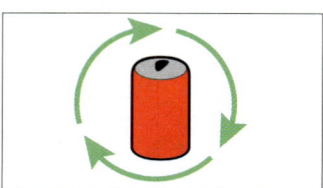 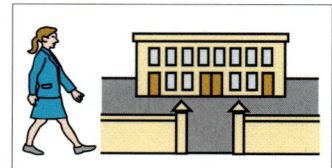 

13 Las vacaciones

Las vacaciones: *Alojamiento*

Pregunta: **¿En qué puedo servirle?**
Respuesta: **Quiero . . . / ¿Tiene . . . ?**

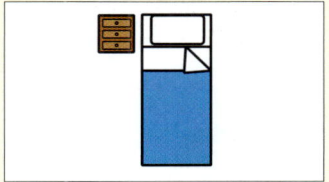

una habitación individual

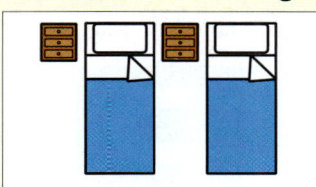

una habitación doble

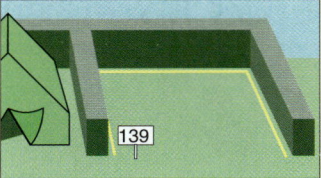

un sitio

Pregunta: **¿Con baño o con ducha?**
Respuesta: **Con . . .**

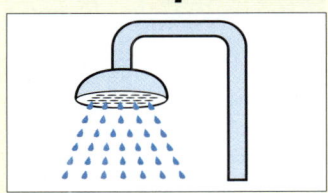

ducha

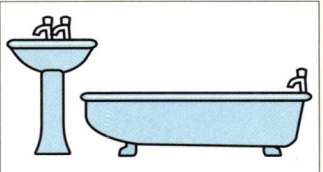

cuarto de baño

televisor

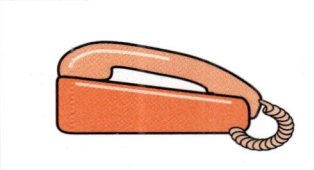

teléfono

aseos

radio

Pregunta: **¿Para cuántas noches?**
Respuesta: **Para . . .**

una noche

dos noches

cuatro noches

Empleado/a: **Muy bien. Tenga la llave.**

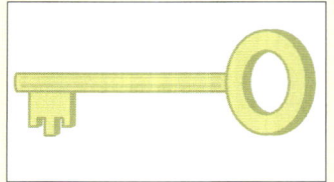

la llave

Empleado/a: **En el hotel hay también . . .**

una piscina

un restaurante

un aparcamiento

un gimnasio

equitación

una vista del mar

una vista de las montañas

deportes sobre agua

Empleado/a: **El hotel está cerca . . .**

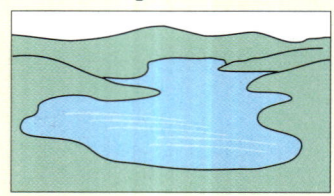

del lago

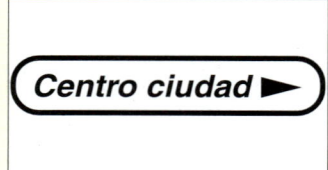

Centro ciudad ▶

del centro de la ciudad

de la playa

Las vacaciones: *Alojamiento*

Ejercicio L1 Escuche

Escuche y escriba la letra correcta para cada número. *Ejemplo: 1 d*

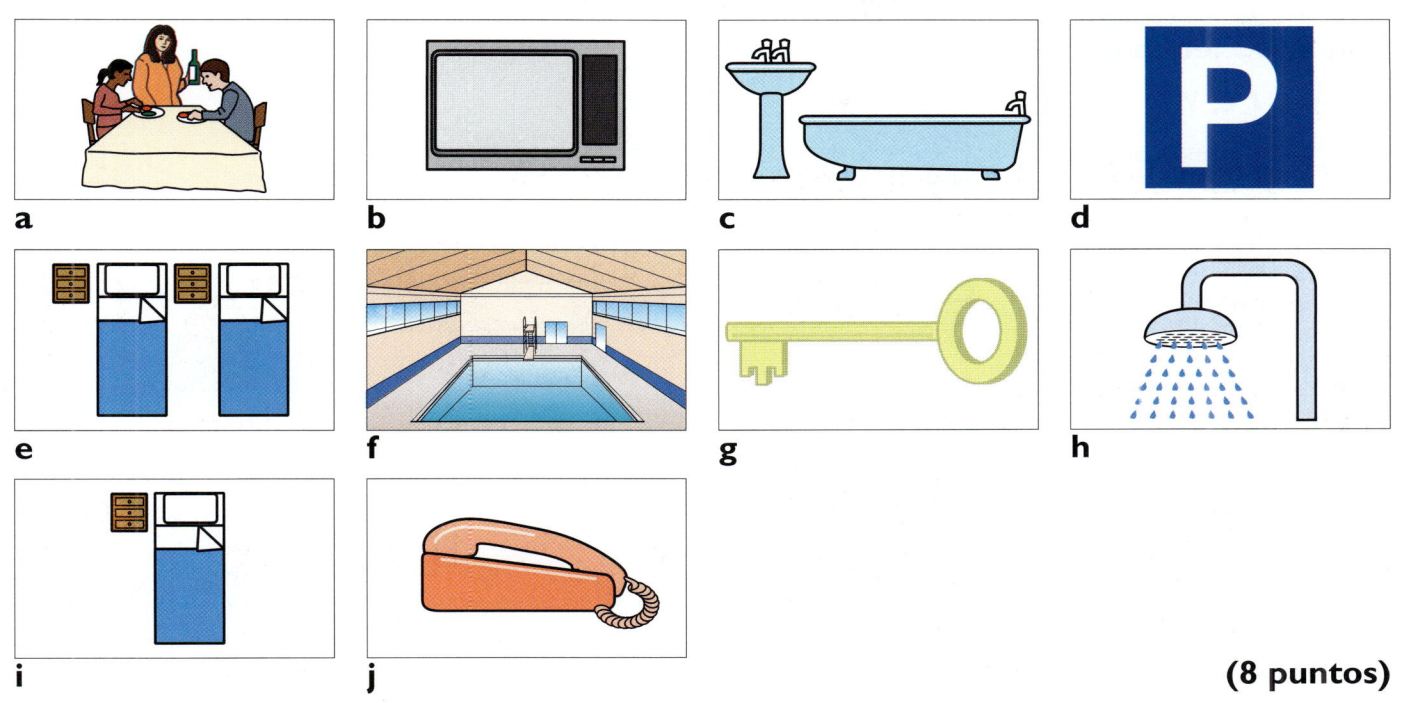

(8 puntos)

*Ejercicio L2** Escuche

Escuche y escriba la letra correcta para cada número. *Ejemplo: 1 b*

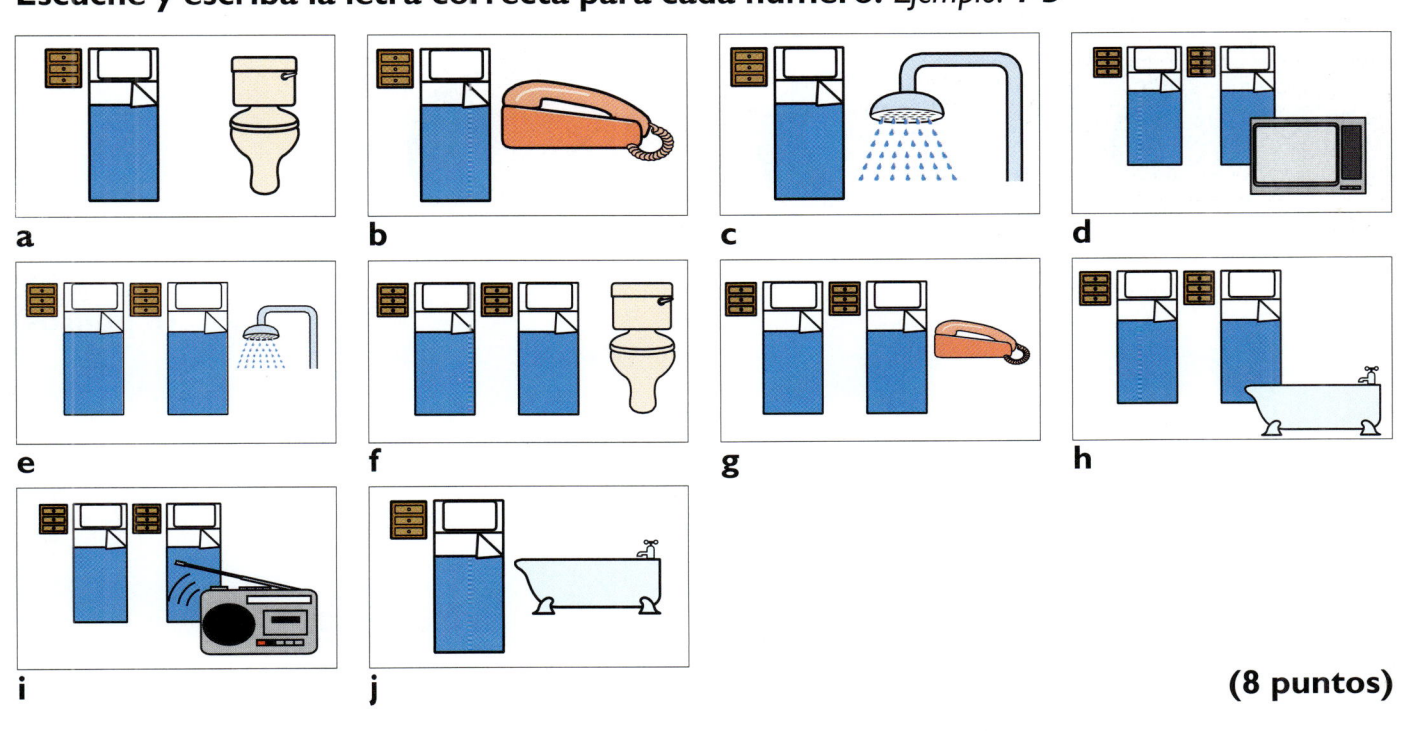

(8 puntos)

Las vacaciones: *Alojamiento*

*Ejercicio L3** Escuche

Escuche las **CINCO** conversaciones.
Escriba la letra correcta para cada número.
Hay **DOS** letras para cada conversación.

Ejemplo: **1 c, V**

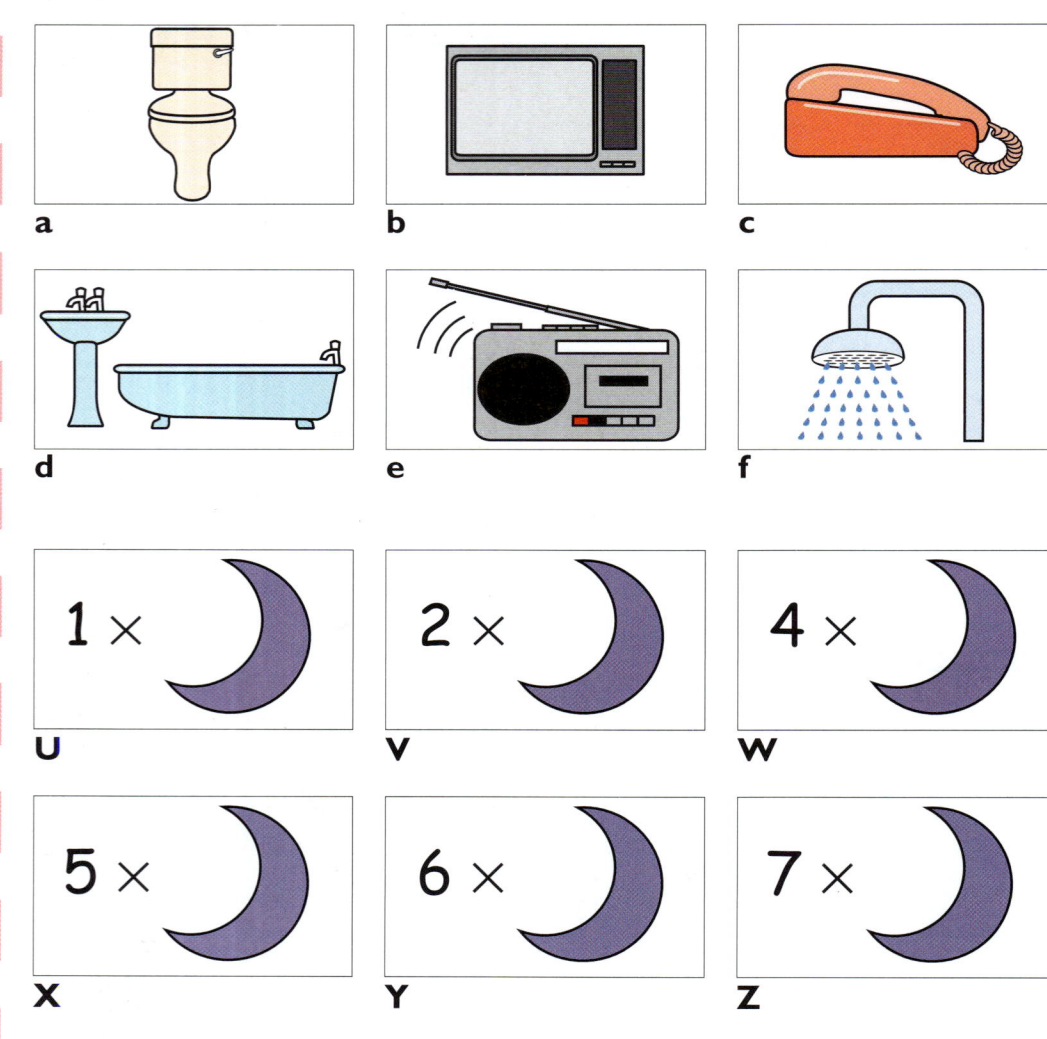

a   b   c

d   e   f

1 ×   2 ×   4 ×

U   V   W

5 ×   6 ×   7 ×

X   Y   Z

(8 puntos)

Las vacaciones: *Alojamiento*

Ejercicio R1   Lea

Lea y escriba la letra correcta para cada número.

Ejemplo: 1 d

1 El aparcamiento

2 El restaurante

3 La ducha

4 La piscina

5 El televisor

6 Una habitación individual

7 Un cuarto de baño

8 Una habitación doble

9 La llave

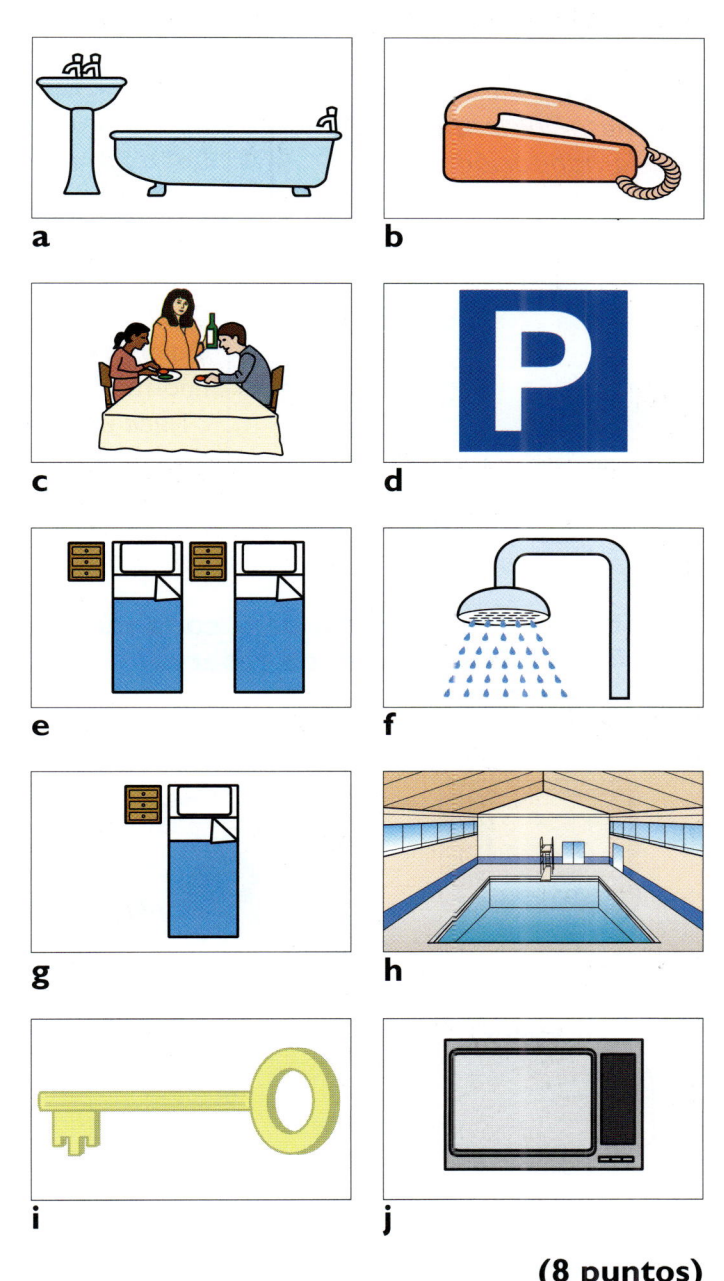

a b

c d

e f

g h

i j

(8 puntos)

Las vacaciones: *Alojamiento*

Ejercicio R2 **Lea**

Lea las cinco reservas.

*Estimado Señor,
Quiero reservar una
habitación para cuatro
noches. Quisiera un teléfono
en la habitación.*

1

Estimado Señor
Fuentes,
Quiero reservar una
habitación individual
con aseo para una
noche, por favor.

2

*Señor/Señora,
Quiero reservar una
habitación doble para seis
noches. Quisiera una
habitación con cuarto de
baño.*

3

Querido Señor Soria,
Quiero reservar una
habitación para siete noches.
¿Tiene una habitación con
ducha, por favor?

4

Estimado Señor,
Quiero reservar una
habitación con radio
para cinco noches.

5

Escriba la letra correcta para cada número.
Hay DOS letras para cada reserva.

Ejemplo: **1 c, W**

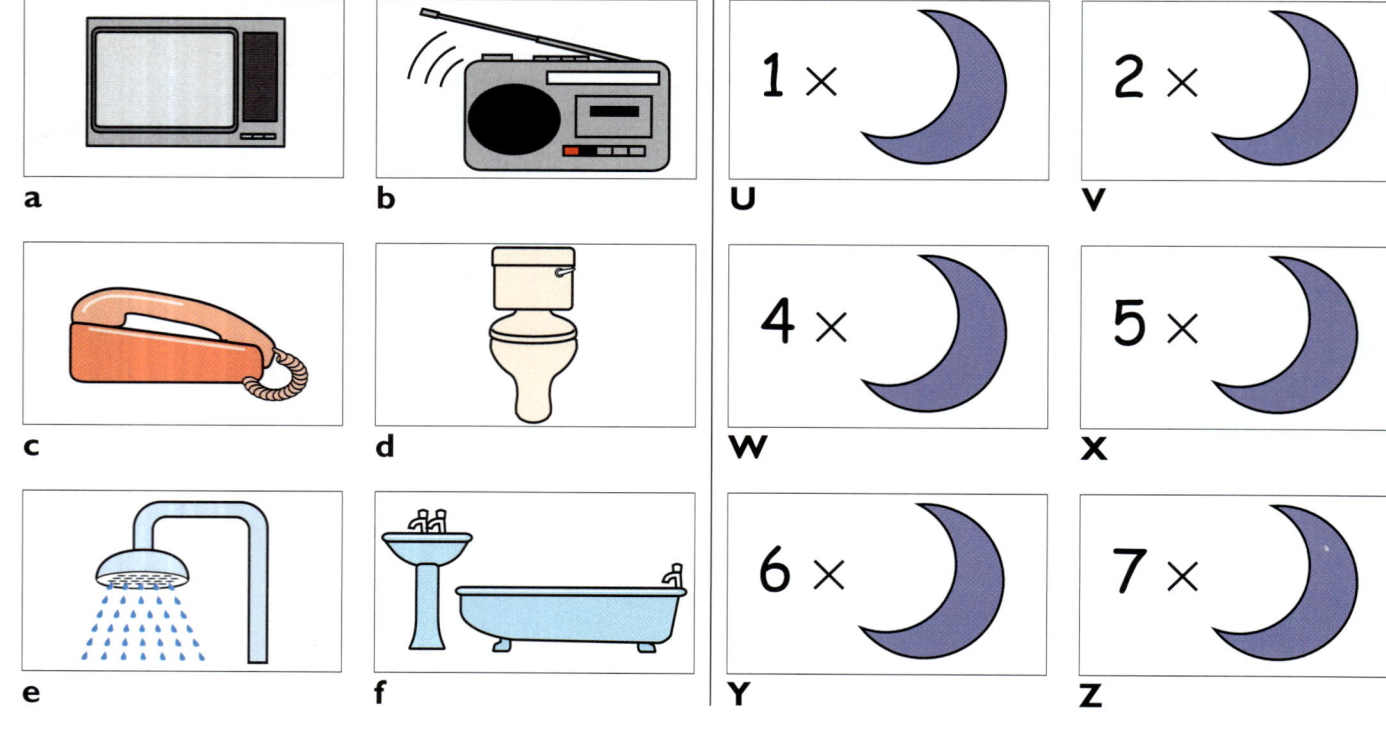

(8 puntos)

Las vacaciones: *Alojamiento*

Ejercicio R3 Lee

Lee la carta.

Estimado Señor Smith,
 He reservado el sitio para su caravana.
 El Camping Miramar es grande y cómodo. En el
centro están la tienda, la sala de televisión y el
restaurante.
 Muy cerca están la piscina, las duchas y los
servicios. Cerca de la entrada están los grifos
para el agua y también las lavadoras ...

Escribe las SEIS letras correctas.

Ejemplo: **d**

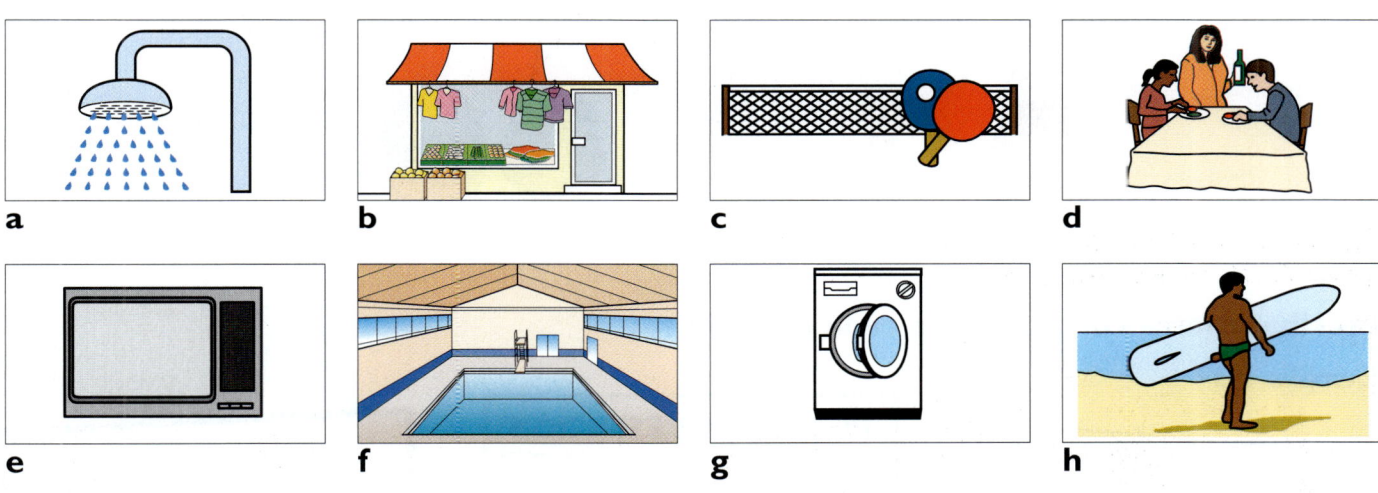

a   b   c   d

e   f   g   h

(5 puntos)

Las vacaciones: *Alojamiento*

*Ejercicio R4** Lea

Lea.

1 We like swimming and horse-riding.

2 We want to be near the sea but we also enjoy watching television.

3 We want somewhere in the town centre with a gymnasium.

4 We want to be near a beach where we can do water sports.

5 We like fishing in the mountains.

Escriba la letra correcta para cada número.

Ejemplo: 1 a

HOTEL PEDRO CORRALES
● ● ●
Habitaciones con ducha
Piscina
Equitación muy cerca

a

HOTEL DE LA ESTACIÓN
Cerca del centro
25 habitaciones con cuarto de baño
Sauna
Gimnasio
Aparcamiento subterráneo

b

HOTEL ESPAÑA

120 habitaciones con ducha y televisión
Tenis

c

HOTEL SANTILLANA
★★★★★
25 habitaciones
En la montaña
Pesca
Caza

d

HOTEL SABOYA
50 habitaciones con cuarto de baño y televisión
Vista del mar
Pesca

e

HOTEL DEL LAGO
🐟
40 habitaciones con ducha
MUY CERCA DEL LAGO
Playa
Paseos en barco
Pesca
Deportes sobre agua

f

(4 puntos)

184

Las vacaciones: *Alojamiento*

*Ejercicio S1** **Hable**

Conteste.

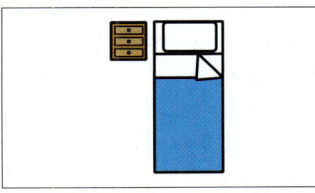

1 Pregunta:  ¿En qué puedo servirle?

Ejemplo: Quiero . . .

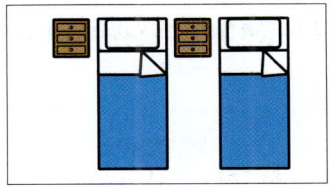

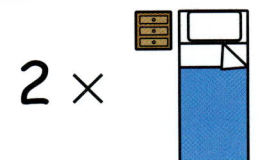 2 ×

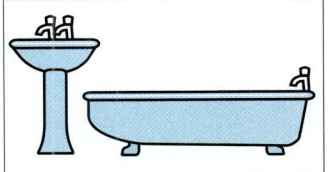

2 Pregunta: ¿Con baño o con ducha?

Ejemplo: Con . . . y con . . .

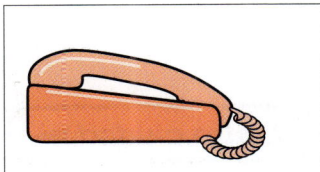

 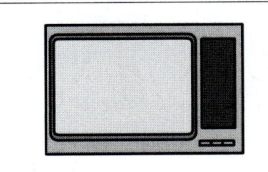

 1 ×

3 Pregunta: ¿Para cuántas noches?

Ejemplo: Para . . .

 7 ×

 4 ×

Empleado/a: Muy bien. Tenga la llave.

Las vacaciones: *Alojamiento*

*Ejercicio W1** Escriba

EL HOTEL

Haga un póster o un folleto . . .

Ritz

1 ¿Cómo se llama el hotel?

Ejemplo:

España

Espléndido

de la Playa

2 ¿Dónde está el hotel?

Ejemplo: Cerca de . . .

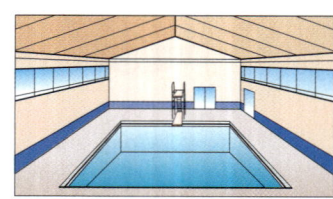

3 En el hotel hay . . .

Ejemplo:

Las vacaciones: *Transporte*

Pregunta: **¿En qué puedo servirle?**
Respuesta: **¿Hay . . . ?**

un autobús

un tren

un avión

un taxi

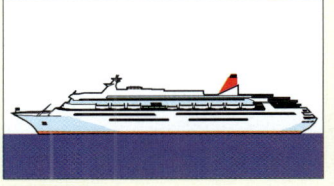

un barco

una moto

un coche

Pregunta: **¿Adónde quiere ir?**
Respuesta: **A . . .**

Inglaterra

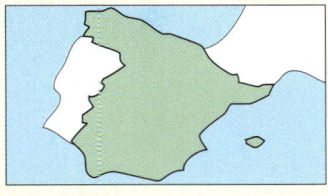

España

Grecia

Pregunta: **¿Cuándo quiere salir?**
Respuesta: **. . .**

Monday	Tuesday	Wednesday	Thursday
lunes	martes	miércoles	jueves

Friday	Saturday	Sunday
viernes	sábado	domingo

Pregunta: **¿A qué hora (quiere salir)?**
Respuesta: **A las . . .**

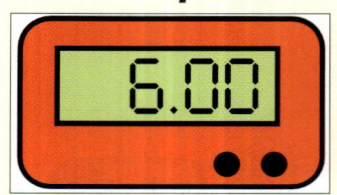
seis

siete y quince

8.30
ocho y media

Pregunta: **¡Ida sólo?**
Respuesta: **. . .**

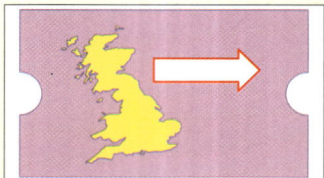
Ida sólo

Ida y vuelta

Empleado/a: **Hay un problema . . .**

un accidente

mucho tráfico

Pregunta: **¿Dónde está(n) . . . ?**

la estación

el restaurante

la parada

la consigna

el andén

los servicios

la taquilla

la librería

salida

a la derecha

a la izquierda

Las vacaciones: *Transporte*

*Ejercicio L4** Escucha

Andrew está en la oficina de turismo.
Escucha y escribe la letra correcta: *a, b* o *c*.   *Ejemplo: I c*

Número I
Andrew es . . .

a

b

c

Número 2
Autobús para . . .

a

b

c

Número 3
La parada está . . .

a

b

c

Número 4
Problema . . .

Se continúa.
Números 5, 6 y 7.

a

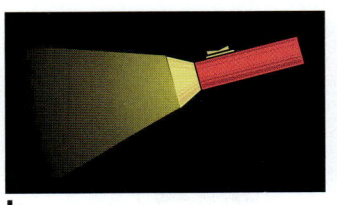

b

c

Número 5
Andrew decide
continuar en . . .

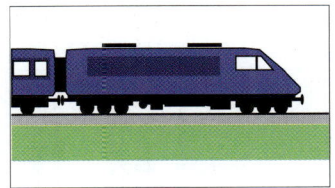

a

b

c

Número 6
Andrew sale a las . . .

a

b

c

Número 7
La estación está . . .

(6 puntos)   a

b

c

Las vacaciones: *Transporte*

Ejercicio R5 Lee

Lee. Escribe la letra correcta: *a, b* o *c.*

Ejemplo: I a

I servicios

a

b

c

2 librería

a

b

c

3 restaurante

a

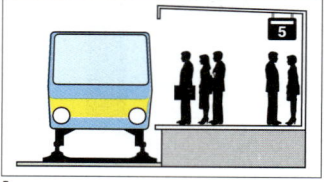
b

c

4 consigna

a

b

c

5 andén

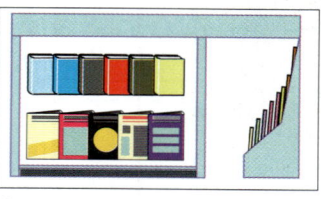
a

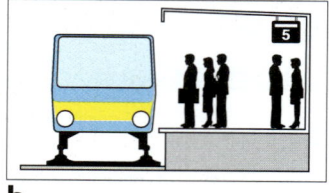
b

c

6 taquilla

a

b

c

(5 puntos)

Las vacaciones: *Transporte*

Ejercicio S2 **Habla**

Contesta.

1 Pregunta: ¿Adónde quiere ir?

Ejemplo: A . . .

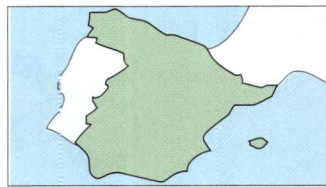

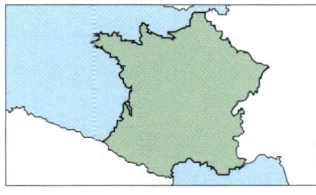

Monday

2 Pregunta: ¿Cuándo quiere salir?

Ejemplo:

Saturday

Wednesday

3 Pregunta: ¿A qué hora (quiere salir)?

Ejemplo: A . . .

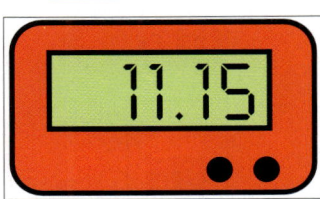

4 Pregunta: ¿Ida y vuelta?

Ejemplo: Sí, . . . / No . . .

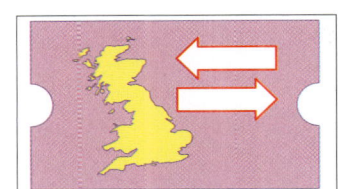

Las vacaciones: *Transporte*

Ejercicio W2 **Escribe**

Copia los nombres de los seis dibujos.

Ejemplo: **1**  moto
moto

2  taxi

3 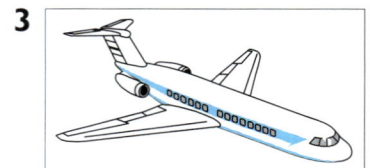 avión

4 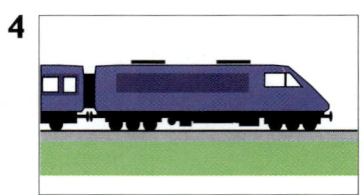 tren

5  barco

6  coche

*Ejercicio W3** **Escribe**

Plano de una estación.

Describe la estación. Escribe cuatro frases.

Ejemplo: Hay una sala de espera.

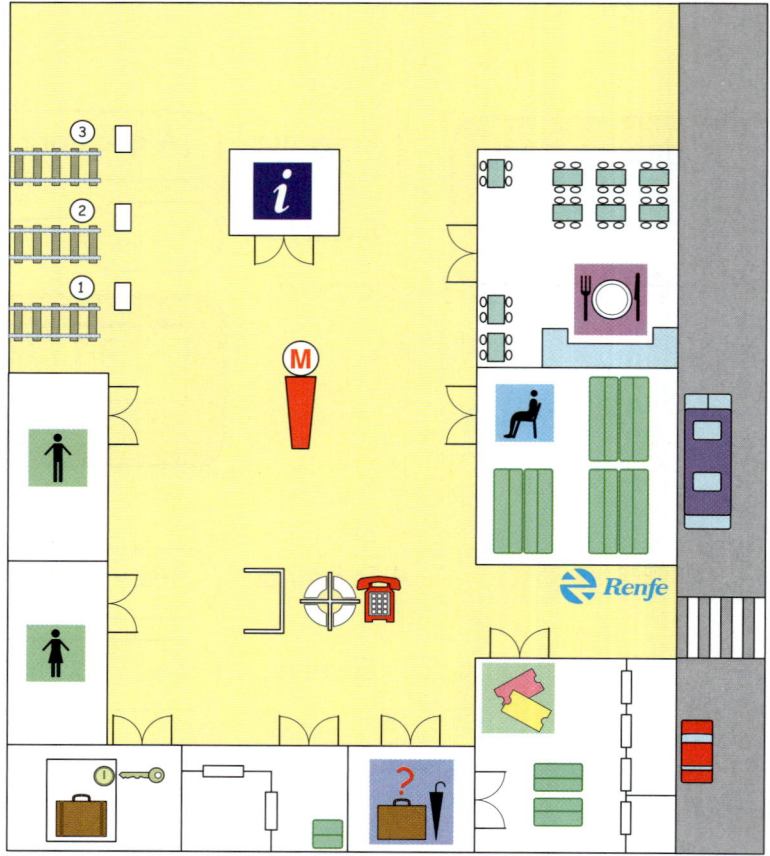

(4 puntos)

192

Las vacaciones: ¿Dónde está . . . ?

Pregunta: . . ., por favor

la estación

Correos

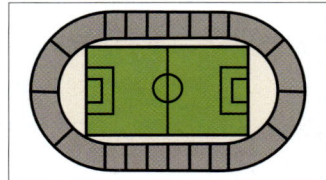
el estadio

el restaurante

Respuesta: Vaya . . .

todo recto

Respuesta: Tuerza . . .

a la izquierda

a la derecha

Respuesta: Tome . . .

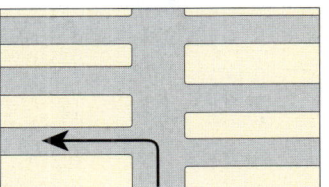
la primera calle a la izquierda

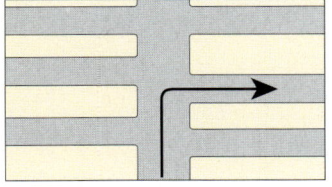
la segunda calle a la derecha

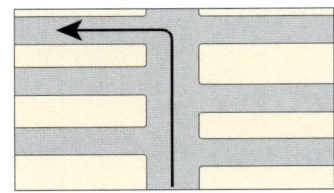
la tercera calle a la derecha

Las vacaciones: ¿Dónde está . . . ?

Ejercicio S3 Habla

Pregunta:

Señor / Señora / Señorita, ¿ . . ., por favor?

Respuesta:

Vaya . . .

Tuerza . . .

Tome . . .

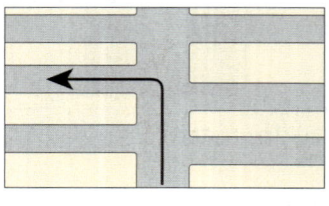

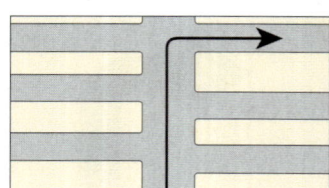

Las vacaciones: *De vacaciones*

Pregunta: **¿Dónde pasas las vacaciones?**
Ejemplo: **En . . .**

España

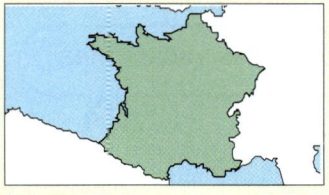
Francia

Inglaterra

Italia

Pregunta: **¿Qué haces en . . . ?**
Ejemplo: **Voy . . .**

a la playa

al restaurante

a la discoteca

a las tiendas

Las vacaciones: *De vacaciones*

Ejercicio S4 Habla

Contesta.

1 Pregunta:  ¿Dónde pasas las vacaciones?

Ejemplo: *En . . .*

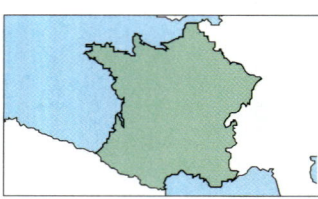

2 Pregunta: ¿Qué haces en . . . ?

Ejemplo: *Voy . . .*